いちいち悩まない

1分で心がラクになる心理学

心理カウンセラー
根本裕幸

JN085844

リベラル文庫

はじめに

「今の自分ではダメだ」とか、「もっとこうあるべきなのに」と思ったり、「私はどうしてうまくいかないんだろう」と考えたりしていませんか？
また、「みんなはちゃんとしているのに、私はできてない」と周りと比べたり、「しんどいのは他の人も同じはず」と自分の本音を無視して、頑張ったりしていないでしょうか。

そんなに頑張らなくても、何かを変えようとしなくても、
今のままのあなたで充分素晴らしい！

私は、カウンセリングやセミナーを通じて、いつもこの言葉を一番伝えたいと思っています。

私たちは自分にとても厳しいようです。幼少期から、自分が感じることよりも周りの人の考えや思いを基準にして、ずっと頑張ってきたのではないでしょうか。

自分に常にダメ出しをして、理想を追い求めることにエネルギーを注いでいるのではないでしょうか。

それは私自身も同じでした。

いつも自分の欠点を探しては、それを直そうとしていました。

今の自分ではない何者かにならなければ愛されないし、幸せになれない、と思っていました。そのうえ、自分が持っているもの(家族、友人、仕事、お金、健康など)の価値に気づかず、ないものばかりに目を向けていました。

そんな私を見て、ある友人が「悩むのが趣味だね」と評してくれたことがあります。その時は反発を覚えましたが、振り返ってみれば、本当にそうだったたなと思います。

しかし、私のそんな趣味のおかげで、しんどい状況から抜け出す方法を探すこと、見つけること、それを伝えていくことは私のライフワークになりました。


物ごとはどれもニュートラルで、よくも悪くもないのです。

ただ、それをよく見るのも、悪くとらえるのも、自分自身の選択です。

だから今、起きていることの見方を少し変えることができれば、私たちの心はほぐれて、すーっと軽くなります。

そして、ありのままの自分で充分に幸せを感じることができるのです。


本書では、そのために役に立つ「考え方のコツ」をまとめさせていただきました。

どれも私自身はもちろん、クライアントの皆さんが実際に使って効果があったものばかりです。

「心理学は使ってナンボ」とは、私の師匠から学んだことのひとつです。
だから、「これ、いいかも」と思うものがあれば、ぜひ、今の生活に取り入れてみてください。そして、効果を実感してみてください。

また、読むだけでも心が軽くなるように、実際にカウンセリングをしているような気持ちで書かせていただきました。
心がしんどいな、と思った時、パッとページを開けば、きっとそこに今のあなたの心をほぐすメッセージが書かれているはずです。

そして、「なーんだ。今の私のままでもいいんだ！」と感じ、「もしかしたら、私、幸せかもしれない」とニヤッとしていただけたらすごく嬉しいです。
あなたは今すぐに幸せになれる力をすでに持っているのですから。

根本裕幸

もくじ

はじめに　2

1章

「気にしない」でうまくいく
あれこれ悩まなくても、大丈夫

自分を好きになる、小さなコツ　14
コロナで人とのやりとりに困ったら　18
心をほぐすワーク　ぶれない自分でストレスを減らそう　22
運のよさは、自分が決めている　24
みじめな気持ちにさようなら　28
自分ルールをゆるめてラクに　32

心をほぐすワーク　自分ルールを探してみよう　35
ないもの探しをやめてみる　36
「しなきゃ」の裏に隠れている本音　40
そんなに気にしなくて、大丈夫　44
「自称人見知り」のレッテルをはがそう　48
苦手な人を減らす方法　52
心をほぐすワーク　制限をはずし、心を自由にする　56

2章 不安や心配に振り回されない
思い込みから自由になる

心に余裕がない時は　60
不安な気持ちをふくらませない　64

怖れをワクワクに変える方法 68
不安なことは、案外起こらない 72
心をほぐすワーク 不安を小さくしよう 75
「お母さん」を手放して、素直な自分になる 76
「お金があれば…」と悩むのをやめる 80
心をほぐすワーク お金をポジティブにとらえよう 84
先の見えない不安に対処するには 86
心をほぐすワーク 不安な気持ちをリラックス 90

3章 イヤな気持ちとうまく付き合う

どんな感情も、そのままでいい

感情は3歳児のように扱う 94

心をほぐすワーク 感情とうまく付き合うには 97
大人だって「ムカつく！」と言っていい 98
出会う人があなたの感情を教えてくれる 102
心をほぐすワーク 今の自分の心をチェック 105
「うらやましい！」と言えば驚くほどラクになる 106
寂しさに負けそうになったら 110
心をほぐすワーク つながりで心を温める 113
後悔は過去と向き合うチャンス 114
ぐっすり眠れば、心もスッキリ 118
心をほぐすワーク 質のよい睡眠をとるには 121

4章

自信を持って、なりたい自分に

毎日にワクワクを増やそう

「変わりたいのに、変われない」のはなぜ？　124
受け取り上手になろう　128
心をほぐすワーク　自分に自信をつけよう　132
理想をプレッシャーにしない　134
短所を長所に変えるコツ　138
心をほぐすワーク　短所を長所に変換してみよう　141
自分の魅力は「ある」と言えば「ある」　142
心をほぐすワーク　あなたの隠れた魅力発見シート　146
夢の叶え方は、2タイプある　148

心をほぐすワーク　あなたの夢の叶え方は？　151
つぶやきで欲しいものを手に入れる　152
心をほぐすワーク　アファメーションのポイント　156

5章 毎日をもっと心地よく

ちょっとしたことで、気分がラクになる

ネガティブな「3D」に注意　160
自分が食べたいものを注文する　162
給料日に「ありがとう！」と言う　164
言葉のパワーを活用する　166
忙しい時には「時間はある！」と言い直す　168
たまにはだらだら過ごす　170

自分でできることを、人に頼んでみる　172
我慢せず、「助けて！」と言ってみる　174
心をほぐすワーク　瞑想で心をゆるめる　176
「与える」で自信が生まれる　178
そわそわして落ち着かない時は　180
1日に5つ、自分をほめる　182
イメージ旅行で気分をリフレッシュ　184
好きなものリストで、元気をチャージ　186
心をほぐすワーク　スキマ時間で、心をラクに　188

おわりに　190

1章

「気にしない」でうまくいく

あれこれ悩まなくても、大丈夫

自分を好きになる、小さなコツ

「自分のことを好きになろう！」という言葉、皆さんも聞いたことがあるのではないでしょうか。雑誌の特集や本などでもよく目にするキーワードです。

自分のことを好きと言える人は、自己肯定感の高い人。
「好き！」というほどではなくても、自分のことを過大にも過小にも評価せず、「このままの自分で大丈夫」「自分は自分」と思える人です。

私のところへ相談にいらっしゃる方は、それぞれの悩みは違っても、自己肯定感が低いという点では共通していると言ってもいいでしょう。

人間関係、恋愛、仕事、結婚生活、どんな悩みであっても、自己肯定感が低いと、「こんな私だから失敗するんだ」「悩みを解決するには、もっと○○な自分にならないと！」と自分自身を責めてしまいます。そして自己肯定感が低いために、あらゆることに悩んでしまうのです。

つまり、自分のことを「今の私で大丈夫」と肯定できるようになれば、抱えている悩みの多くは軽くすることができるのです。

あなたはどうでしょうか？

仕事で失敗をした時、人間関係で悩んだ時、恋愛がうまくいかない時、何をやっても長続きしない時、自分の顔や体型が嫌だなと思った時、そんな時には「今の私で大丈夫」とはなかなか思えませんよね。

きっと「なんでいつも大事な時にミスをするんだ！」とか、「私に魅力がないから彼氏ができないんだ」など、自分を責めてしまっている人が多いでしょう。

それに、「自分のことを好きにならないといけない」と、無理にポジティブに考えるようにしてみても、心の奥では全然そう思えない自分に気づいて、さらに自己嫌悪をしてしまうという悪循環に陥ることもあると思います。

自分のことをどうしても好きになれなかったり、ダメな自分を責めたりしてしまう時は、自分自身を大切な友達のように扱ってみてください。

それが一番シンプルな方法です。

例えば、もしあなたの大切な友達や恋人、家族が同じように、失敗したりうまくいかないことに悩んでいたら、あなたはどんな言葉をかけますか？

「失敗して落ち込んでいる」と言う友達に、「あなたなら大丈夫！　次はうまくいくよ」と声をかけるのではないでしょうか。

「だからあなたはダメなんだよ。いつもいつも失敗ばかりして」とは言いませんよね（そういうふうに言われたいと思っている友達なら別ですが）。

自分にもそんなふうに接してあげてください。

なかなか彼氏ができない時は、「きっと縁のある人がいるよ」、何をやっても長続きしない時は、「いつも何かに頑張っていてすごいよ」、自分の顔が嫌だなと思った時は、「でも目がかわいいって言われるじゃん」、などと声をかけてみましょう。

はじめは、自分の言葉を自分で否定してしまうかもしれません。

それでも根気強く続けていくと、「自分を好きにならなきゃ」と頑張らなくても、自然に自分を励ますクセがついていきます。

親友に接するように、自分を励まそう

コロナで人とのやりとりに困ったら

昨今の新型コロナウイルスにより、生活スタイルや価値観が大きく変わりつつあります。テレワークや残業の禁止、外出自粛によって自宅で過ごす時間が増え、**以前とは違ったストレスを感じている方も増えている**でしょう。

例えば、夫や子どもが自宅にいる時間が増えたことで、主婦からは「1日中家事をしているように思えて、疲れる」「自由時間がなくなり、いつも家族の面倒を見ていて気が休まらない」「夫の自己中心的な性格があらわになり、嫌気がさしてきた」などの声をよく耳にします。

その夫側の立場の方からは「自宅に仕事をするスペースがなかったので、家族に気をつかいながら仕事をしている」「オンラインでの会議や商談に慣れず、どっと疲れる」「出社しても感染防止を意識して、緊張している時間が長い」「妻から片づけや整理整頓を細かく言われ、肩身が狭い」などの声も聞きます。

一方、独身女性は「婚活が思うように進まない」「狭い部屋でテレワークしているのでオンとオフの区別がつかず、買い物にも自由に出られずにストレスがたまる」「運動不足でコロナ太りしてしまった」など、様々な影響があるようです。

また「自粛警察」という言葉も生まれたように、**他者を監視する意識がより強くなり、感染防止への意識の違いから、人間関係にひずみが生じるケースもあります。**今までなら仕事終わりに友達とご飯を食べるのが楽しみだったけれど、「気にしないで行こうよ！」という意見と、「まだやめた方がいいんじゃない？」という意見がぶつかって、友達との付き合い方を考えさせられたり。

元々日本人は同調圧力が強く、「みんな同じ」であることを重視し、それを他人に強要したり、様々な価値観を相手に押しつける風潮があったのですが、それがこの感染症の騒動によってより強くなっているのかもしれません。以前よりさらに窮屈な思いを抱いて生活している方が少なくないように思うのです。

そんな中、周りの人との価値観のずれにストレスを感じてしまった時、どうすればそれを解消できるのでしょうか。

まず、**何よりも大切なのは「自分軸」を意識すること**。日本人は他者と自分との区別をあいまいにして人間関係を構築する傾向があります。すると仲間意識やつながりは強まる一方で、周りに流されたり、自分とは違う価値観も「和」を優先して合わせたりして、ストレスを抱えてしまいます。それを続けていると、自分らしさをどんどん失ってしまうのです。こうした周りを優先する生き方のことを、「他人軸」と呼びます。他人が主人公になってしまっている人生です。

そこで、「私は私、人は人」ときちんと線引きをして、自分軸を意識することを提案しています。自分軸で生きるということは、わがままに生きることでも、価値観の違う他人を批判することでもありません。「自分はどうしたいか？」という意識を常に持ち、「今は自分の意志を通す」「ここは相手の価値観に合わせる」ということを主体的に選択することです。こうして**自分軸を確立していくと、価値観が違っていても「あの人はあの人だから」と一歩引いて受け入れられるようになります。**また、自分とは合わない価値観を押しつけられた時も、一歩引いて「この人はこういう考え方で、私は違う」と距離を置くことができます。そうすることで、自分で自分を守れるのです。

自分軸を意識して行動することで、他者から影響を受けることが少なくなります。たとえ、家族の中で価値観が異なったとしても、「それはそれ、これはこれ」と区別でき、ストレスを減らすことができます。

「自分軸」を意識して、自分を守ろう

心をほぐすワーク

ぶれない自分でストレスを減らそう

コロナの影響で周りの人とのコミュニケーションに悩んだり、先の見えない不安に襲われたら、「自分軸」を意識することで心を落ち着かせましょう。このワークを続ければ、自分軸がしっかりしてきます。

1 「私は私、人は人」という言葉を、意識的につぶやくようにしましょう。なお、この「人」の部分には、自分の夫や子ども、職場の人の名前など、具体的な人の名前を入れるとより効果的です。

周りのことが気になったら、気持ちが落ち着くまで、心の中でゆっくりつぶやいてみましょう。感情を込めず、呪文のような感覚でつぶやくと、自分軸が安定してきます。人がいないところなら、声に出してつぶやくのもおすすめです。

2 自分の気持ちを、自分自身に問いかける習慣をつけましょう。具体的に問いかけるのがポイントです。

例）

- 「私は今日、ランチに何を食べたいの？」
- 「私は仕事が終わったら、何をしたいの？」
- 「上司はこう言っているけれど、私はどう思うの？」

3 人との会話やSNS上でのやりとりの際、主語を意識して会話してみましょう。日本語は主語を明確にしなくても会話が成立しますが、その分、自分と相手との境界線があいまいになります。自分軸を意識するため、友達との会話でも主語を意識するようにしましょう。

例）

- 「私は今日は疲れている」
- 「私は今日、あなたとランチがしたい」
- 「あなたは○○という考え方だけど、私は△△と考えている」

主語を意識しながら過ごすのは、けっこう疲れます。このワークは30分や1時間など、時間を区切ってやりましょう。

運のよさは、自分が決めている

皆さんは自分のことを運がいいと思いますか？　それともその逆ですか？
また、皆さんの周りで運がいい人ってどんな人ですか？

運がいい人は、生まれつき運がいいわけではありません。
ただ、ラッキーなことにしか反応しないだけなのです。

例えば、駅でホームに着いたらちょうど電車がすべり込んできた時、運がいい人は、「ラッキー！　やっぱり私はツイてる！」と思います。
乗りたい電車がちょうど発車してしまった時は「行っちゃった。まあそういう時もあるよね～」と軽くとらえて、そのことはすぐに忘れてしまいます。

逆に、運が悪い人は、電車が目の前を通り過ぎて行った時に「やっぱり私はツイてない」と思うのですが、タイミングよく乗れた時のことは覚えていません。起こっている出来事は同じなのに、どうとらえるかでポジティブにもネガティブにも変わってしまうのです。

また、私のところへ相談にいらっしゃる方から、「彼氏から連絡がこない」という悩みをよく聞きます。

「連絡がこない」というのはひとつの事実なので、変えることはできません。でも、「忙しいのかな。大変だな～」とただ流すのと、「もしかしたら浮気？　私のことを嫌いになった？　なんで私はいつも恋愛がうまくいかないんだろう」と考えるのでは、全然違ってしまいますよね。

その後に彼がプレゼントを買ってくれたとしても、「やったー！　嬉しい！」と反応するのと、「なんで突然プレゼント？　やっぱりやましいことがあるんだ…」などと疑うのでは、同じ事実なのに、楽しい出来事とそうではない出来事というふうに、まったく別のものになってしまっています。

「友達に恵まれている！」と思っている人の周りには、いい友達が集まります。

「人生、何とかなるって！」と思っている人は、実際に何とかなっています。

「どうせ私はいいことがない」と思っている人は、よくないことが起こると「やっぱり」と思います。

「出会いがない！」と思っている人は、素敵な人に出会っても目に入りません。

誰にとっても事実はひとつです。

ただ、それをどうとらえるかは、自分の中にある観念や思い込みが決めています。そして、その観念に当てはまることに反応して、「やっぱり運がいい」とか「やっぱり私はダメなんだ」と自分で証明するのです。

だから、知らず知らずのうちについてしまった思い込みや考え方のクセを変

えれば、人生はグンとよい方向に向かいます。

「運が悪い」「周りにはロクな人がいない」「出会いがない」と思ってしまう自分がいたら、まずは意識的にその思いを変えてみましょう。「運がいい」「周りには素敵な人ばかり」「出会いがたくさんある」というふうに。

もちろん、はじめはそうではないことに目がいきます。以前の思い込みがジャマして、「自分は運がいいはずがない」と心にブレーキをかけてしまうのです。だいたいはじめの数日、そして、2、3週間くらいで挫折しそうになります。しかし1ヵ月くらい続けていると、「あれ？　運がいいじゃない？」と思う出来事が増えていきます。

小さなことでも書きとめておくと、積み重なった証拠になるのでおすすめです。

思い込みをはずせば、誰でも運がいい人になれる

みじめな気持ちにさようなら

「○○さんは美人でいいなぁ。私もあんな顔なら自信を持てるのに」

「△△さんは大手企業に勤めているし、お給料も高そうでいいなぁ。私もいい大学を出ていれば、今の会社なんかで働かなくてもすんだのに…」

「○△さんは素敵な旦那さんがいるし、マンションもおしゃれだし、うらやましい。それに比べて私は…」

そんなふうに周りの人と自分を比べて、劣等感を抱いてしまうことはありませんか？　最近ではＳＮＳで友達が投稿している内容や写真を見て、「あの子は充実している。私はダメだ」と感じる人も多いようです。

本当は、比べている相手だって悩みがあるかもしれません。

「美人だけど、いつも顔しかほめられない」とか、「大手企業で働いているけど、パワハラがきつくて辛い」と思っているかもしれません。

SNSに投稿している写真は、みんなに見せるものですから、「今日はひとりで1日中ネットサーフィンをしていました」などと書く人はめったにいませんよね。普段は寂しい日々を送っていても、みんなに「いいね！」と言われそうな、とっておきの1枚を載せているのかもしれません。

「あの人はあの人、私は私」と思えれば、みじめな思いをすることはありません。

しかし、**自分のことをちっぽけに扱っていると、他の人の環境や経歴、見た目が素晴らしいもののように感じられ、それさえあれば自分だって成功したはずなのに、もっと充実した人生を送れていたはずなのに、と思ってしまうのです。**

自分の意識が常に自分以外の誰かに向いている限り、自分のことを認める（自信を持つ）ことはできませんし、いつも「どうせ私は無理」とすねた気持ちを持ち続けることになってしまいます。

劣等感を払拭して、自分に自信をつけるには、「自分との約束を果たす」という経験を積み重ねていきましょう。いつも約束を守ってくれる友達が信頼できるように、自分との約束を果たすことで自分を信じられるようになるのです。

いつも言い訳をして約束を果たせない自分に、チャンスを与えてあげましょう。

あなたが今「本当はした方がいいけれど、なかなかできない」ということを、ひとつ選んで毎日続けてみてください。

「食後30分以内に歯磨きをする」「ネットは1時間以内にする」「1日10分間筋トレをする」など、無理のないことでＯＫです。

そして、それを毎日続けてやってみましょう。これが意外と大変です。

私の経験では、決意してから3、4日後に必ず試練が待ち受けています。筋トレをするという約束をしたのに、飲み会で遅くなり、気づいたら寝てしまっていた…というように。

そんな時「私はやっぱり意志が弱いからできない」などと言い訳をしたり、できない自分を責めないのがポイント。次の日からまた始めればOKです。できない日があってもまた次の日からやればいいと、自分に寛容になりましょう。

自分との約束を果たしていくことで、「私だってできる」という気持ちを取り戻すことができるのです。

そういう経験が積み重なり、自分への信頼が高まれば、「自分は自分で大丈夫！」と思えるようになりますよ。

自分との約束を果たし、自信をつけよう

自分ルールをゆるめてラクに

「大人は、毎日ちゃんと働かなくてはいけない」
「周りから嫌われないように、自慢してはいけない」
「嫌なことがあっても、人前で態度に出してはいけない」

こういった厳しい自分ルールを持っていると、あなたの言動、思考、感情がしばられてしまいます。

例えば、「嫌なことがあっても、人前で態度に出してはいけない」というルールをあなたが持っていたら、嫌なことをどうしても我慢できない時、自分をひどく責めたり、自己嫌悪したりしてしまいます。

また、自分だけでなく他の人にもルールを押しつけて、「あの人は思っていることがすぐに態度に出る。ダメな人だ」と判断してしまうことも。あなたが苦手だなと思う人は、あなたのルールを堂々とやぶっている人が多いのです。だから腹が立つんですよね。

自分のためのルールのはずが、自分を窮屈にして、自己嫌悪を生み、他の人との関係を悪化させてしまうのです。

こういう話をすると「でも、人前でイライラした表情をするのはよくないと思うのですが…」とおっしゃる方がいます。

確かにそうですが、「しなければいけない」というルールでは厳しすぎるのです。

「人前では嫌な態度をとらない方がいいかもね」と少し寛容になってみてください。これは「〇〇してしまってもいいや」と投げやりになるのとは違います。

「できれば〇〇したいと思っているけど、できない時は仕方ない」と、幅をもたせてあげるのです。

まずは恋愛、仕事、家事など、どんなジャンルでもいいので、あなたが**「してはいけない」「しなければいけない」と思っている自分ルールを探してみてください（ピンとこない人は左ページのワークを使って見つけてみましょう）。**

そして、それをひとつずつ取り出して、「した方がいいけど、できない時もあってOK」と許可を与えましょう。

そんなふうに「時にはできないこともあるよね」という余裕ができると、自分にも他の人にも寛容になれるので、イライラする場面が少なくなります。

「できない時もある」とすれば、イライラは減る

心をほぐすワーク

自分ルールを探してみよう

あなたはどんな「自分ルール」を持っていますか？　書き出して、発見してみましょう。

1 次の○○に思いつく言葉をたくさん書いてください。
「大人は○○しなければいけない」
「大人は○○すべきである」
「大人は○○してはいけない」
「大人は○○すべきではない」

2 「大人」の部分を、「親」「男」「女」「恋人」「夫」「妻」など、あなたの役割にあったものに入れ替えて書いてみましょう。

上のワークで書き出したのが「自分ルール」。「〜しなければいけない」を「〜した方がいい」に言い換えてみましょう。そして、「時にはできないこともあるよね」とつけ加えてください。「今の自分で OK」というスタンスを大切に！

ないもの探しをやめてみる

「お金があったら幸せになれる」

「優しい彼氏や旦那さんがいれば幸せになれる」

「大きな会社に入れば幸せになれる」

などと、漠然と考えてしまうことはありませんか？


そう考えてしまうのは、自分のことを幸せでないと考えている時でしょう。

「お金がないから」「彼氏がいないから」「会社が不安定だから」などと、自分の境遇を何かのせいにしたくなってしまいますよね。

また、他の人が幸せそうに見えると、「あの人は○○だから幸せ。私はそれがないから幸せになれない」と思ってしまうこともあります。

しかし、「ない」ものばかりに注目している限り、お金が手に入っても、彼氏ができても、大きな会社に入っても、「もっと○○だったら」などと、また違う人と比べてしまうことになるのです。

そのうえ、手に入れたものがいつかなくなって、元に戻ってしまうのではないかという不安から逃れられなくなることもあります。

手に入れたものに執着し、頭の中には、不幸せだった(と自分で思っている)過去の自分がイメージされている状態です。

お金があってもなくなるのが怖くて使えない、彼氏に嫌われるのが怖くて自分らしく振る舞えない、ミスをするのが怖くて新しい仕事にチャレンジできないなど、自分で自分を窮屈にしてしまいます。

幸せそうな人って、お金持ちじゃなくても、彼氏がいなくても幸せそうに見えますよね。

結局、幸せかどうかは自分が決めるものなのです。

だから、自分が「幸せではない」と思っている限りは、幸せにはなれません。

今、自分が持っているもの、自分の周りにあるものに目を向けて、感謝してみましょう。

ＳＮＳの友達リストを開いてみてください。そこにはあなたの友達や家族がずらりと並んでいます。きっとあなたに何かあったら心配してくれて、あなたが何かに成功したら喜んでくれる人のリストです。

これは決してお金では買うことのできない財産ですよね。

彼らに「いてくれてありがとう」と感謝の思いを心の中で贈ってみましょう。

「ない」というフィルターを通して世の中を見れば、「ない」ものばかりが目につきます。では、「ある」という見方をしたらどうでしょう？　きっと色々な「今あるもの」が見つかるはずです。

「健康だな」「友達もいるな」「家族もいるな」「仕事もある」「少ないけれど貯金もある」「長所も少しくらいはあるかな」。

それは他人から見たら「○○があって幸せそう」と思われるのに匹敵するものなのです。それなのに、一番近くにいるはずの自分がそれに気づかず、他の人のものばかり見ていたら、もったいないですよね。

最近、「幸せだな～」と口にしたことはありますか？　なければ、今すぐ言ってみましょう。「私は○○があって幸せだな～」って。

幸せは「なる」ものではなく、「感じる」ものです。

今あるものに感謝すれば、必ず幸せを感じることができるでしょう。

「ある」ものに注目すれば、いつでも幸せになれる

「しなきゃ」の裏に隠れている本音

私のところへ相談にいらっしゃる方の口グセには、特徴があります。

「本当はもっと仕事を頑張らなきゃいけないんですが」

「この仕事、10年もやっているのでミスなんてしちゃいけないんですが」

「ちゃんと婚活しなきゃ、うまくいかないと思うんですけど」

充分頑張っている方たちばかりなのですが、いつも「〇〇しなきゃ」という言葉を口にして、自分を苦しめているように見えてしまいます。


あなたは1日の中で、どれくらいこの言葉を使っていますか?

「早く起きなきゃ」「甘いものはやめなきゃ」「残業して仕事終わらせなきゃ」など、1日中この言葉にしばられている人もいるでしょう。

「しなきゃ」と思っていることは、本当は「したくないこと」。心の声は「したくない」と言っているのに、頭の中の考えが「しなきゃ」と命令するので、心と考えがちぐはぐになってしんどくなってしまいます。

それでも、頑張り屋さんだったり、周りの評価や人の目が気になったりすると、どうしても「しなきゃ」と考えてしまいますよね。

大人なんだから、したくないこともするのが当然と思うこともあるでしょう。しかし、そんな「したくない自分」を見て見ぬふりをするのは、自分を攻撃することにつながります。

例えば、お母さんが子どもに「宿題しなきゃダメでしょ！」と言ったとします。その子は、本当は遊びたいのを我慢してしぶしぶ宿題を始めます。そして、宿題を終えてお母さんに「終わったよ！」と自慢げに報告したのに、ほめられるわけでもなく、「こんなに時間かかったの？　さっさと明日の準備をしなさい」と言われたら、その子はどんな気持ちになるでしょう？

頑張った自分を認めてもらえないことが悲しくなりますよね。

それと同じことが、あなたの心の中でも起こっています。

したくない気持ちを放置したり、無視したりしていませんか？　しなきゃいけないと思ったことをした後、ちゃんと自分のことをほめてあげていますか？すぐに次の課題を突きつけたりしていませんか？

まずは、「しなきゃいけない」という言葉に隠れた、「したくない自分」「素直な自分」を受け入れてあげてください。

「仕事なんて頑張りたくない！　めんどくさい！」と言ってしまえばいいのです！

色々な言い訳をつけてごまかしていても、本当はしたくない理由なんて、「疲れている」とか、「遊びたい」とか、「めんどくさい」とか、単純なもののはず。

ですから、あなたがしたくない理由も含め、全部素直に認めることが大切です。ついつい「でも…」「じゃあ…」「だって…」と言いたくなる時は、「頑張りたくない！」と2回続けて言ってみてください。思い切って言ってみると、何だかすーっとしませんか？

したくないという気持ちの存在を認めて、自分を励ますことができれば、心の葛藤がなくなります。また、「しなきゃ」という考えも、次第に「したい」という気持ちに変わっていきます。

そして、本当はしたくないのに、ちゃんとやり遂げた時。そんな時はちゃんと自分をほめてあげましょう。「やって当然」なんて思う必要はありませんよ。

「したくない」と思ってOK

そんなに気にしなくて、大丈夫

あなたは、次の10個の項目のうち、当てはまるものがいくつありますか？

1. 相手が不機嫌になっていないかなど、顔色をうかがってしまう
2. 相手が自分のことをどう思っているのかが気になる
3. 相手に失礼なことを言っていないか、していないかが気になる
4. どちらかというと聞き役に回ることが多い
5. 自分はこの場にいていいのかと感じることがある
6. 優しい、気がきく、とよく言われる
7. 誰にも嫌われたくないと思う
8. 言いたいことがあっても、つい我慢してしまう

9．大勢の人がいる場で、なかなか自分を出すことができない
10．人前で感情を出すことが苦手だ

2～3個程度なら社会生活の中では普通ですが、4～5個は気をつかいがち。6個以上の人は、気をつかいすぎてしまっているといえます。

例えば、あなたがとても疲れていて早く帰りたいと思っている日に、友達から「今日飲みに行かない？　○○ちゃんもくるよ」というメールがきたとします。気をつかってしまう人は、付き合いが悪いと思われないように、無理をして参加するのではないでしょうか。

その他にも、私のクライアントさんからは、「恋人に言いたいことを言えなくて我慢してしまう」「友達と遊びたいのに、自分からは誘えない」という話を聞くことがよくあります。

本来、人に気をつかえることは素晴らしい長所です。

しかし、**相手のためではなく、「嫌われたくない」などの怖れから気をつかってしまうのは、自分の気持ちを後回しにして、抑圧してしまうことになります。**

それには、過去の経験や、自己肯定感が大きく影響しています。

例えば子どもの頃、親が厳しくて、怒られないようにいつも顔色をうかがって行動していたり、思春期の頃に友達から仲間はずれにされないように、周りに合わせたりしていると、その思考パターンが根付いてしまうのです。

また、自分のことが好きになれなかったり、自己肯定感が低いと、「こんな私のことを受け入れてくれる人なんていない」と考えがちで、恋人や友達などに嫌われるのがとても怖くなってしまいます。

コミュニケーションで大切なのは、まずは自分を大切にすること。それがないと、いつもびくびくして、人と対等な関係を築くことができません。

これを言ったら相手に嫌われるんじゃないかと思ったら、「言わない」を選ぶのではなく、「言い方」を変えてみましょう。

飲み会を断る時、「本当は行きたいんだけど…仕事も忙しくて、体調も悪くて…。いつもなら行けるんだけど…。本当にごめんね…」などと、もじもじしながら、理由をいくつも並べるよりも、「ごめん！　今日はちょっと体調が悪いんだ。また近いうちに誘ってもいい？」と明るく言えば、相手も受け入れやすいですよ。

自分の意志を明るく伝えてみよう

また、1日1回、小さなこと（ランチのお店や週末の予定など）でいいので、「私は○○したいな」と誰かに自分の意志を伝えるトレーニングをしてみるのもおすすめです。

「自称人見知り」のレッテルをはがそう

あなたは人見知りですか?

ご相談を受けていると「私、とても人見知りでうまく人と話せないんです」とおっしゃる方がとても多いです。そういう方って、確かにシャイな部分もありますが、普通に会話をされているんですよね。

あなたが思う人見知りの定義とはどんなものでしょうか。

「初対面の人とうまく話せない」

「大勢の人が集まる場で緊張してしまう」

「親しくない人と2人きりになると、何を話したらいいかわからなくて、おどおどしてしまう」

「ひとりでいる方がラクな時がある」

というものを挙げられる方が多いのではないでしょうか。


でも、それ、当たり前のことです！

初対面の人と緊張してうまく話せないのは、普通のことです。

自分で人見知りと言った方に、「でも初対面の私と話せているじゃないですか！」と言うと、「今日はたまたま根本さんだから…」とおっしゃいますが、人見知りに「たまたま今日はうまくいく」という例外はないはずです（笑）。


「人見知りではない人」の定義が、初対面の人とでもいきなり仲良くできて、どんな人とでも話を盛り上げられる人のように感じていませんか？　そんな人もたまにはいますが、ほとんどの人はそうではありません。

実のところ、**ただ自分で自分に「人見知り」というレッテルを貼っているだけなのです。**

初対面の人と話が弾まなかった、グループの話の中に入っていけなかったなどという、ひとつの出来事を取り出して、「私は人見知りなんだ。だからうまくいかないいんだ」と納得させようとしてしまうのです。

これって「敏感肌」に似ていると思うのです。

最近、自分のことを敏感肌だと思っている女性がとても多いそうです。たまたま時期や体調によって肌荒れをしているだけなのに、自分は敏感肌なのだと思い込み、悩んでいるそうです。

それと同じように、「自称人見知り」になることで、余計に人付き合いを難しくして、自分自身を窮屈にしているように感じます。

自分を人見知りだと思い込むと、初対面の人と話が弾まなかった時、「やっぱり今日もうまくいかなかった。私って人見知りだからなぁ」と思うでしょう。それによって、人と話すことにますます苦手意識を感じてしまうのです。

会話が弾まなかったことを、自分のせいにする必要はありません。

あなたも、話が弾まなかった相手に対して、「あの人は人見知りで、話が弾まなくてつまらない人だなぁ。もう会いたくないなぁ」とは思いませんよね。

人のことだと気にならないのに、自分のことだと過剰に反応してしまうのです。

初対面の人とうまく話せなくても、気にしない

初対面の人と話す時、緊張してしまっても、無理にたくさん話そうとしなくても大丈夫です。「緊張しちゃってます」と相手に伝えれば場が和みますし、うまく話せなくても「初対面だからこれが普通」と思えばＯＫです。相手も気にしていません！

ちゃんと話さなきゃというところに気をとられるよりも、開き直ることで、あなたのキャラクターを見せることができますし、相手も興味を持ってくれますよ。

苦手な人を減らす方法

誰にでも苦手な人って必ずいますよね。

あなたが苦手な人は、どんな人でしょうか。

上司、同僚、女友達…関わらなきゃいけないけれど、どうしても苦手と思ってしまう人とどう付き合っていますか？

誰かを「苦手だな」と感じる理由は、
①あなたの中で禁止しているものを、その人が持っている
②過去に同じタイプの人から傷つけられ、まだその傷が癒えていない
という2つの場合が多いです。

①の禁止しているものとは、例えば、あなたが「えらそうにしていたら、みんなに嫌われる」という考えがあり、努めて謙虚に、いばらないように過ごしているとします。

そうすると、えらそうにしている人を見ると、自分に禁止していることを目の前でやられているように感じ、すごく気分が悪くなってしまうのです。

同じように、「誰にでも優しくしなければいけない」と思っていると、冷たい態度をとる人が許せなくなるでしょう。

②の過去の傷とは、例えば、あなたのお父さんが高圧的な性格で、あなたはいつもそれを嫌だなと思いながらも、我慢してばかりだったとします。

すると、家庭以外の場所でお父さんと似た要素を持った人と出会うと、はじめからネガティブにとらえてしまうのです。

もし、そんなお父さんでも、実はひょうきんなところがあるとか、仕事に対しての姿勢は尊敬できるとか、プラスの面を理解していれば、同じタイプの人を苦手と感じたとしても、よい面にも目を向けることができます。

また、あなたがお父さんに我慢せず、言いたいことを言い、ケンカをしながらも最終的に理解できていたなら、同じタイプの人と出会っても、お父さんとは別の人としてとらえることができますし、親しみを感じることもあります。

つまり、自分の中でお父さんへのいらだちが解消されていないから、少しでもお父さんに似た部分がある人に出会うと、2人を重ねて考えてしまうのです。

このように、苦手な人はあなたに色々なことを教えてくれています。

もし自分の禁止事項に気づいたら、それを許してあげましょう。

いつもいい人でいなきゃとがんじがらめになっているなら、「たまには不機嫌になっても仕方ない」などと、自分を解放してあげると、苦手な相手にも寛容な気持ちでいられるようになっていきます。

また、傷ついた過去があるなら、少しずつそれを整理してみましょう。

シンプルな方法としては、自分を傷つけた相手に手紙を書いてみることをおすすめします（もちろん、本人に見せる必要はありません）。

「あの時、私はこう言いたかった」「そういう態度は本当に腹が立つ」など、過去の自分になって素直に書くことが大切です。

正直な気持ちを何度か書いていくうちに、自分の内側に閉じ込められていた感情が解放され、過去は過去として割り切れるようになります。

すると、自分の気持ちが過去に引きずられることがなくなり、苦手だと思っていた人ともフラットな気持ちで付き合えるようになるでしょう。

まずは自分をいたわろう

心をほぐすワーク

制限をはずし、心を自由にする

「こうすべき」という制限は、あなたの心や行動をしばります。それが普通になってしまうと、毎日がつまらなく感じることも。勇気を出して自分の心の制限と向き合い、自由になっていきましょう。

1 あなたが日常生活の中で「窮屈」「締めつけ」「不自由」「制限」を感じるもの、場面、出来事などを書き出してみましょう。

例）

- いつもお金がないような気がして、ちょっとした買い物にも気をつかっている
- 人に対して言いたいことが言えず、我慢してしまう
- 仕事はそこそこできると思っているけれど、自分にどんな才能があるのかがわからず、いつも「何か違う」と感じている
- スケジュールや時間に追われていて、いつも余裕がない

2 あなたの友達がそのリストアップされた項目で、みじめな気持ちや自己嫌悪などを感じていたら、どんな言葉をかけてあげますか？　そしてイメージの中で、その友達を抱きしめてあげましょう。

3 もし、あなたがリストに挙げたような制限から解放されたとしたら、どんなことができるでしょう？　どんな気持ちで毎日を過ごしているでしょう？　具体的にイメージしてみてください。「そんなのバカらしいよな～」と思うことまで、自由に発想を広げていきましょう。

このワークは日々の心の疲れを癒し、明日への希望をつちかう素晴らしい効果が期待できます。制限がなくなったイメージは、あなたの今後進むべき方向性を示してくれるでしょう。

2章

不安や心配に振り回されない

思い込みから自由になる

心に余裕がない時は

「次、あれしなきゃ」

ひとつのことを終えたら、次はあれしなきゃ、次はこれしなきゃと思っていませんか？　私もそうなのですが、「あれしなきゃ」がたくさんあると、本当はそうでもないのに、何だかものすごく忙しい気分になってしまいます。

また、少しでも時間があれば、メールやＳＮＳをチェックしてしまう人も多いでしょう。

本当にしなくてはいけないことなのかと考えると、そうでもないのですが、何もしない、ぼーっとした時間がムダな時間のように感じてしまい、つい何かをしてしまうのです。

そして、本当はしなきゃいけない（と思っている）ことがあったのに、テレビを見たりしてだらだらしてしまうと、後で「まただらだらしちゃったなぁ」などと後悔したりするのです。

現代の私たちの生活の中では、「今」に目を向けることが少なくなっています。「次はあれしなきゃ」「明日の○○がうまくいくかどうか不安」と未来のことを考えたり、「しなきゃよかった」「しておけばよかった」と過去のことを考えている時間が、「今」に比べると圧倒的に多いのではないでしょうか。

しかし、**どうすることもできない「未来」や「過去」のことばかりに意識がいくと、どんどん心の余裕がなくなっていきます。**

自分に余裕がなくなっていると感じた時、
不安や心配ばかりが堂々めぐりしてしまう時、

「あの時、ああしていれば…」などと後悔してしまう時、

そんな時は、意識的に「今」に注目してみましょう。

「今、私は何をしたいかな～」と自分自身に聞いてみてください。

「テレビを見たい」「だらだらしたい」「何もしたくない」など、何でもOKです。

「後で困るかもしれないから、○○しなきゃ」と考えるのではなく、純粋に気分で選ぶようにしてみてくださいね。

また、何もしない時間をつくるのもおすすめです。

私も自分に余裕がないと感じる時は、意識的に何もできない場所に行くようにしています。

例えば温泉などに出かけると、「お風呂に入る」こと以外は何もできません。

「お風呂から上がったら○○しなきゃ」などと考えてしまいそうになりますが、

「今、じわじわ温まってるな～」とか、「気持ちいいな～」など、今の自分に意識

を向けるようにしています。

それに、体を温めることは不安を和らげる効果もあるので、忙しくて心がギスギスしている時こそ、ゆっくりお風呂に入るように心がけるといいですよ。

その他にも、瞑想をしたり、軽い運動をするのもおすすめです。

そうやって、「今」に意識を向ける時間が増えれば増えるほど、「未来」や「過去」にとらわれる時間が少なくなり、心が安定していきます。

それと同時に、日常のせわしなさに流されないという、心の余裕を持つことができるようになるのです。

「今」したいことを考えてみる

不安な気持ちをふくらませない

社会人サークルで合唱をされている方が、こんなことを言っていました。

「今度のコンクールでソロを任されることになったのですが、私、あがり症なので、失敗したらどうしようと思うとなかなか眠れないんです」。

そんな彼女の表情はすでにこわばっていて、緊張がこちらにも伝わってくるほどでした。


「うまくいかなかったらどうしよう」「恥をかいたらどうしよう」「みんなに迷惑をかけたらどうしよう」。仕事でもプライベートでも、そんな不安に駆られることはよくあると思います。

また、「このままずっと独身だったらどうしよう」「会社を辞めて、転職できなかったらどうしよう」など、漠然とした不安を持つこともあるでしょう。

「どうしよう」というのは、どうにも自分ではコントロールできないし、いったいどんな悪いことが起こってしまうのだろうという考えからくるもの。

誰でも、自分がコントロールできない状況には怖くなり、不安を抱きます。

「どうしよう」と思っている時は想像力がどんどん働き、頭の中ではもうすでに「うまくいかず、恥をかき、みんなに迷惑をかけている」自分がリアルに想像できているのではないでしょうか。

あらゆる失敗や不幸な状況を想像して、どうにもならない状況に陥っている自分が頭に浮かんできてしまうのです。

しかし、「こんな失敗をするかもしれない」「こんなふうに大変なことになってしまうかもしれない」と具体的に考えることは、まるで失敗するためのイメージトレーニングをしているようなもの。

成功するのではなく、イメージした通りに物ごとが進む（＝失敗する）方が自分にとって違和感がないように感じてしまいます。

無理に不安を押し殺したり、「大丈夫」と取りつくろっても、結局は失敗するイメージの方が先行するので、不安はふくらむばかりです。

うまくいく場面をイメージできれば一番いいのですが、どうしてもそれが難しければ、まずは「今」に意識を戻してみましょう。

何かを不安に感じている時は、意識が「未来」にあります。

だから、意識を「今」に戻して、純粋に今何ができるかな？　今何をしようかな？　と考えるクセをつけてみてください。

食べたいものを食べる、手を叩いてみるなど、何でもＯＫです。

それができるようになったら、「もし失敗したら、その時は○○しよう」と、具体的に考えてみるのもおすすめです。

「ケーキバイキングでやけ食いしよう」「貯金をはたいて、ヨーロッパに旅行しよう」「憧れのブランドの服を一式買ってしまおう」など、ちょっとワクワクすることやバカバカしいことを考えてみるといいですよ。むしろ失敗するのがちょっと楽しみになるくらいのことを考えついたら最高ですね。

それを本当にするかどうかは別にして、何かが起こっても自分でコントロールできると感じられるようになれば、今ある不安を和らげることができます。

「失敗したら○○しよう」と考える

怖れをワクワクに変える方法

英会話を勉強したいと思っているAさんが、友達にアドバイスをもらいました。

友達「英会話学校に行ったら？　外国人の先生がいっぱいいるよ」

Aさん「いいね！　でもまだ全然話せないし、そんなお金もないし…」

友達「じゃあオンライン講座を使ってみたら？」

Aさん「それならタダだね！　でも仕事が忙しくて時間がないんだ」

友達「そっか。じゃあ休みの日に英会話サークルに行ってみたら？」

Aさん「うーん。でもそれって若い人ばっかりじゃない？　私みたいな人が行っても浮いちゃいそうだよね」

新しいことにチャレンジしようとしたり、今ある問題を解決しようとする時、「自分にはまだ力が足りないから」「今はまだ時期じゃない」「やり切れるかどうか、自信がない」「時間がない」「お金がない」「若くない」「誰も協力してくれないと思う」などと、できない理由ばかりを探してしまうこと、ありませんか？

これは心理的に「怖れ」や「不安」が影響していて、その気持ちを避けるため（感じないようにするため）に生じる考え方です。

だから、チャレンジしようとしていることを実体以上に大きいもののようにとらえてみたり、自分を必要以上に小さく見積もってみたりします。

そうやって、できない理由が見つかると一瞬心がほっとするのです。

自分がすごくしたいことであっても、チャレンジにはエネルギーが必要ですよね。

「しなくていいんだ」という理由ができればラクですし、チャレンジしなければ失敗して恥をかいたり、みじめになったりすることもありません。


それなのに、やらなければやらなかったで、「私はやっぱりダメなんだ」と自己嫌悪に陥ったり、「あの時やればよかった」と後悔したりもしてしまいます。

そのうえ、またチャレンジしようとしても、新しくできない理由を探してしまうんですよね。「もう時期じゃないし」とか「今は家庭があるし」とか…。

心って難しいものです…。


やってみたいけど、なかなか踏み出せないことをひとつ挙げてみてください。

そしてそれが「できる理由」を5つ探してみましょう。

「まだ○歳だからチャンスがある（もちろん何歳でも大丈夫です）」「週に一度ならできる」「1ヵ月○万円は捻出できる」「休日を楽しくできる」「友達と一緒

にできる」など、探せば、できる理由はたくさんありますよね。

これは自分を説得するためではなく、心をワクワクさせるため。心理的には不安や怖れよりもワクワク感が強いと、実行するエネルギーがグンと高まります。

やりたいことについてもっと調べたり、それをしている自分をイキイキと描いてみたり、どんどん興味をかきたてるように自分を導いてあげましょう。すでにそれをやっているのが当然、そこにいるのが当然という雰囲気を演出してみると、イメージがわきやすくなります。

できる理由を見つけるクセをつければ、今までのあなたができない理由を次々に見つけられたように、できる理由をすらすらと言えるようになります。

ぜひ目線を変えて、チャレンジしてみてください。

ワクワクを増やし、チャレンジする力に

不安なことは、案外起こらない

「ガスは切ったかな。火事になったらどうしよう」

「カギはかけたかな。最近空き巣が多いって聞いたけど、大丈夫かな」

「今日のアポの時間って合ってたかな。メモを取り間違えてないよね」

「昨日○○ちゃんに送ったＬＩＮＥ、まだ返ってきてない。…もしかして私って嫌われてる？」


心配性の方は、起きてから会社に行くまでの短い間ですら、いくつもの不安を味わっているのではないでしょうか。

私のクライアントさんの中にも、「ひとつの不安が解消すると、また別の不安が現れて、全然落ち着かないんです」「気づけばいつも何かしら不安なことを考えています」と言う方がいらっしゃいました。

そういう人は不安でいることが「普通」の状態になってしまっているので、少しでも不安が解消されようとすると、むしろ居心地が悪くなります。

普通じゃないぞ、と心が判断して、新たな不安を探してしまうんですよね。

それに、「安心」する感覚は少しクセになる麻薬みたいなところがあります。「あぁよかった〜、大丈夫だった」と思う瞬間がクセになって、それを感じるために次々に不安を生み出して、安心感を味わおうとしてしまうのです。

今、心配に思っていることをどんどん書き出してみましょう。

日付と一緒に、毎日書きためていき、１ヵ月後にそれらが現実になったかどうかを、ひとつひとつチェックしていきます。

きっと、ほとんどのことが実際は起きていないことを実感できるはずです。

もし、「あぁよかった〜、大丈夫だった」と思う瞬間を味わいたければ、不安を感じた瞬間に、先に口にしてしまえばいいのです。

どうせ後で言うことになるのですから、先に言ったって問題ありませんよね。

目線を変えてみると、心配性の人は色々なことに気づくことができる人です。

「あれ？　○○さん、ちょっと元気がないかな？　声かけてみようかな」とか、「普段気づかないけど、ここって結構汚れてるな。掃除してみようかな」など。

あなたの才能を「不安」という形ではなく、「気配り」にして周りにも与えてみてください。あなたなら、きっと簡単にできるはずですよ。

書き出せば、不安は消える

心をほぐすワーク

不安を小さくしよう

不安や心配は、それを客観的に見ることで解消しやすくなります。誰かとの会話を具体的に想像してみましょう。

1 あなたが今抱えている不安を相談するなら、誰にしますか？（恋人、家族、友達、先輩はじめ、好きなタレント、スポーツ選手、神様、ご先祖様など、誰でもOK！）

2 その人なら、あなたの不安にどう答えてくれるでしょう？

3 その言葉にあなたはどう返しますか？

これを「不安が和らぐ」「どうでもよくなる」「笑えてくる」まで繰り返してみてください。それでも不安が解消しない時は、誰かに電話やメールをしてみましょう。ひとりで抱えていると、いつまでも不安なまま。誰かとのつながりを感じることが、不安解消の糸口になります。

「お母さん」を手放して、素直な自分になる

あなたが子どもだった頃を思い出してみてください。

「ピンクのバッグと黄色のバッグ、どっちがいい？」と言うお母さんに、あなたが「黄色のが欲しい！」と答えると、お母さんはもう一度考えて、「でも○○ちゃんにはピンクの方が似合ってるから、やっぱりピンクにしなさい」と言って、ピンクのバッグを買ってくれる。こんな経験はありませんでしたか？

お母さんに悪気はありません。ただ、自分の好みや、お母さんなりの「女の子はこうあるべき」「こうなってほしい」などという思いがあり、それを様々な場面で子どもに強いてしまうのです。

しかし、あなたの心の中には「自分の意見を聞いてもらえない」という経験がひとつ積み重なります。同じようなことが今夜の食事で、習い事で、誕生日やクリスマスのプレゼントで、進学先の選択で繰り返されたとしたらどうでしょう。あなたは自然に「お母さんが喜ぶもの」を選ぶようになってしまうのです。「本当は○○がいいけど、きっとお母さんは△△って言うだろうな…」。そんな気のつかい方をするようになってしまいます。

「○○大学に合格したら、お母さんが喜ぶから」「お母さんが○○になってほしいって言うから」「結婚相手は公務員がいいって言うから」などという思いが大人になってもなお、あなたの選択を左右し、それを選ぶことで安心できるのです。

そして、あなたの気持ちは少しずつ抑圧されて、お母さんの考えを自分の希望のように錯覚してしまいます。素直に「○○が欲しい！」「○○がしたい！」と言えなくなってしまうのです。

子どもにとって親は「完璧な人」でした。だからこそ、親に期待し、親に決めてもらうことで安心できたのです。

しかし、大人になって薄々気づいているように、親といえどもひとりの大人です。しかも「完璧ではない人」。

受け入れたくない気持ちもあるかもしれませんが、それを理解し、「お母さんと私は違う人」と理解することが、親離れの第一歩です。

例えば、お母さんをひとりのおばちゃんとして意識してみるのはどうでしょう。隣近所に住んでいるおばちゃんとか、かなり年上の気の合う友達。そういうふうに意識して、大人の付き合いを心がけていくと、関係性も徐々に変わっていきます。

親への期待をいい意味で手放し、大人同士の関係を築くことで、自分が自由になっていくはずです。

さて、あなたが本当にしたいこと、欲しいものは何ですか？

本当はしたかったのに、欲しかったのに選ばなかった（選べなかった）ものを、もう一度選んでみませんか？

読みたかったマンガを全部そろえたり、ポテトチップスを1袋全部食べたり、自分が大好きな服を着てみたり、自分が一番したいことをしてみてください。

反対に、したくないのにしていたこと、欲しくないのに持っているものは手放してもいいのです。ぜひ断捨離をしてみましょう！

誰かの意志ではなく、自分自身の意志でしたいことを選べるということが実感できると、子どもの頃のような、素直でイキイキとした自分を取り戻すことができるでしょう。

「親と私は違う人」と受け入れる

「お金があれば…」と悩むのをやめる

「お金が貯まったら、海外旅行をしたい」「お金があったら○○を買うのに…」と思うことってありますよね。

もちろん、今貯金がゼロだったり、欲しいものを買うお金がなければ、そう考えるのは当然です。しかし、本当は旅行したり、欲しいものを買うだけのお金があるのに、実行するのを先延ばしにしているだけではありませんか。

「それ、今、できることじゃない?」と自分に聞いてみてください。

「でも、貯金を崩して海外旅行に行って、その後お金がなくなったら困る」と思う人もいるでしょう。しかし、実際に貯金を使ったとしても、日常生活を送れるだけのお金があれば何とかなるはずです。

それなのに、いつまで経っても「あともう少し貯めたら…」となかなか行動できないのは、**「お金がなくなったら何もできなくなる」という不安や怖れがもとになっていることが多いのです。**

本当はお金があるのに、「それを使ってはいけない」とあなたが自分自身に禁止してしまっているのです。

お金に対する概念は、子どもの頃に両親がどのようにお金を扱っていたかが大きく関係しています。例えば、両親が「お金がなくて困った」といつも言っているような家庭で育った人は、「お金とは不安や怖れのもとである」のような観念が知らず知らずのうちにできあがってしまいます。

そうすると、貯めても貯めてもまだ足りないと思ったり、逆にそんな不安なものなら、手元に置いておかない方がいいという気持ちから、使いすぎてしまったりすることもあります。

また、お金＝自分とは縁のないもの、気がつけばなくなっているものという意識が心の中にあると、その状態を保とうという潜在意識が働いてしまうのです。

心理学的に見ると、お金もエネルギーのひとつです。

お金とよりよく付き合うためには、両親から引き継いでしまったネガティブな流れや潜在意識を断ち切って、新たに前向きな意識を選ぶことが大切です。

今、手元に資金があり、したいことがあるなら、思い切ってやってみましょう。そうすると自分自身に「好きなことができる」「したいことができる」という体験をさせてあげることができます。これは自分の「自信」を手に入れることであり、自分の可能性を感じることができるのです。

そして、お金を使うとこんなにワクワクすることができる、お金は自分の夢を実現させる素敵なものであるという、新たな概念を自分の中に取り入れることができます。ですから、お金を使う時は、「これでお金がなくなったらどうしよう」という気持ちではなく、ワクワクした気持ちでいることがポイントです。

また、お金を動かすことで心理状態にも動きが生まれ、状況を変えたり、停滞している流れを動かすパワーにもなりやすいのです。お金をあえて使ってみると、自分自身に刺激を与えることができるでしょう。

すると、お金持ちの人が発言する「お金って使えば使うほど、入ってくるんだよね」という言葉を実感できるはずです。

勇気を出して使ったお金で手に入れたものを受け取り、思い切りワクワクしてみましょう！

お金を使えば、自信や可能性を感じられる

心をほぐすワーク

お金をポジティブにとらえよう

自分のお金に関する概念を発見してみましょう。以下の質問に直感で答えてみてください。

1 あなたは自分の収入にどれくらい満足していますか？

2 収入が足りないと感じた人は、あと何％くらい増えたら満足できますか？　その理由は何ですか？

3 給料日のあなたの気持ちはどんな感じですか？
(嬉しい、ありがたい、誇らしい、十分だ、不安だ、みじめだ、自己嫌悪、罪悪感など)

4 お金を人に例えるとしたら、誰ですか？　それはあなたにとってどんな存在ですか？

右ページのワークで、お金に対してネガティブなイメージを持っていることがわかったら、以下のワークを行ってみてください。

1 あなたの人生において、お金がもたらしてくれたことを書き出してみましょう。1万円札を自分の横に置き、「諭吉さん」に手紙を書くつもりで書いていくと、うまくいきます。

2 あなたが十分だと感じる収入を手にした時、どんなことをしたいか書き出してみましょう。誰と、どこで、何をなど、より具体的に想像してみてください。

いつもお金が足りないと感じる人は、「今、私は十分な収入があり、豊かな生活を送ることができる」という言葉を自分自身にかけてあげましょう。今の収入で足りないと感じる人は、5万、10万増えても足りないと感じるようになってしまうもの。「ない」ではなく「ある」という口グセをつけてみてください。

先の見えない不安に対処するには

「一生独身だったらどうしよう」

「今の仕事をやっていても、この先得られるものはあるのだろうか」

「親が病気になったら、介護できるのだろうか」

そんなふうに、先が見えない未来が不安になることはありませんか？

「何とかなるさ」と思えればラクになるとわかっていても、なかなか難しいですよね。

自分に自信がなかったり、周りからの情報に左右されたりして、「独身だったら幸せになれないよね」「仕事は楽しくないけど、転職するのって大変そう」「親が病気になったら、支えられる自信がない」などと考えてしまうものです。

不安や怖れがある時、私たちは自然に「不安解消」を目指します。ネットで色々な情報を調べたり、友達や周りの人と話したりすることもあるでしょう。

しかし、そういうことを通じて安心できるものが手に入り、不安は解消されるのでしょうか。

ますます不安になることの方が多いと思いませんか？

心理学的な見方に「私たちは自分が得る情報を、自分自身で選んでいる」というものがあります。

例えば、あなたが独身でいることに対し、不幸になるのではないかと不安を抱いているとしましょう。そして、それについて友達と話したり、様々な本や雑誌、ネットなどで情報収集をしたとします。

しかし、色々な意見や情報があったとしても、あなたが不安を感じている度合いが強ければ強いほど、「独身は不幸説」を選び出して、それを真実だと感じてしまうのです。

そんなあなたのもとに「独身でも幸せ説」が示されたとしても、強い反発心を覚えるに違いありません。

「そんなわけがない。この人はたまたまだ」とか、「この人は美人だし、お金があるから例外に違いない」ととらえ、否定したくなってしまうでしょう。

つまり、**あなたの心の中にある不安という感情は、不安を証明する情報を選び出してしまう**のです。

もし、あなたが逆の考えを持っていたら、集める情報は違ってきますよね。

「独身でも幸せかもしれない」という仮説を持っていたら、それを証明する情報を集めて、「やっぱりそうなんだ！ 独身でも幸せになれるんだ」「この人もそう言ってる！」と思えるでしょう。

だから、不安が大きい時は、普段接することのない人と話して、自分とは違う意見に触れる機会を増やしてみましょう。

無理に逆のことを考えようとする必要はありませんが、「不安が大きいと、ネガティブな情報を選びがちだ」ということを、心の片隅に置いておいてください。そうすれば、自分の思い込みと違う情報に対して、「そっか、信じられないけれど、そういうこともあるのかな」と心を開くことができます。

アメリカで行われたある調査では、高齢者の多くが「人生で後悔していること」という問いに「心配することに時間を費やしすぎた」と答えているそうです。

自分の心の動きを知って、不安や心配にとらわれる時間を少しでも減らせるといいですね。

不安な時は、視点を変えてみる

心をほぐすワーク

不安な気持ちをリラックス

何となく不安を感じる時は、ちょっとしたエクササイズで気持ちを和らげましょう。普段から習慣にすることで、漠然とした不安が訪れるのを予防できます。

[体を温める]

夏よりも冬の方がうつの症状が出やすいように、体が冷えると不安を感じやすくなります。強く不安を感じる時は、頭に血がのぼっているような状態ですので、意識して下半身を温めてみましょう。自律神経も整えられるので、女性には特におすすめです。

[毛布にくるまる]

子どもが何かに執着して安心感を得ることを「安心毛布」と言うように、毛布には安心感を誘う要素があります。頭から毛布にくるまって、温かい飲み物を飲んでみてください。体が温まると同時に、次第に不安が和らいでいくのを感じられるでしょう。

[天井や空を見上げる]

不安がある時は、どうしてもうつむきがちになります。空を見上げながら悩むのは難しいくらいです。意識的に上を向いたり、天井の様子を観察したり、空に浮かぶ雲の流れを観察してぼーっとしてみましょう。

[木に触れる]

公園や山に行ったら、そっと木に手を当ててみましょう。多少汚れても構わない服を着ているのなら、木にもたれてみるとさらに効果的。手や体で木の感触をただ感じてみましょう。少々のことではびくともしない木の存在は、安心感や信頼を感じさせてくれます。

森林浴をしたり、公園を散歩するなど、自然と触れ合う時間を持つことは心を穏やかにする効果があります。家の中で木の香りのアロマを使うのもよいでしょう。

3章

イヤな気持ちとうまく付き合う

どんな感情も、そのままでいい

感情は3歳児のように扱う

3歳児って感情の塊です。うちの息子が3歳の時も、まさに感情の赴くままに動き回り、振り回されっぱなしでした。

ご飯を食べてすぐに「お菓子！」と言って騒ぎ、「静かにしなさい！」と言っても、聞かずに走り回っています。怒った時は大人でも痛いと感じるくらいの蹴りやパンチを繰り出しますし、泣く時は耳が痛くなるほどの大声です。

だから、子どもが騒ぎ出したら、ちゃんと目線を合わせて、気持ちを伝えます。例えば、「お出かけしたら楽しくて騒ぎたくなっちゃうよね。でも今は電車の中だから、静かにしていようね」と心を込めて伝えます。そうすると3歳児なりに納得してくれるんですね。そして、目的地に着いたら「えらかったね！

今から自由に騒いでも大丈夫だよ！」と許可してあげます。

それを一方的に「静かにしなさい！」「なんでそんなに騒ぐの！」と怒っても、子どもは言うことを聞きません。無理矢理コントロールしようとすると、反発してしまうのです。


「子育てって大変だなぁ」と思いましたか？

実はあなたの内側にある感情も、本当はそんな姿なのです。

だから、**あなたが自分の感情と付き合おうと思ったら、３歳児と根気よく仲良くするような心積もりが必要なのです。**


あなたは、自分の感情とどのように付き合っていますか？

大人になると、理性を使って感情を抑えてしまうことが増えます。元々なかったかのように無視してしまうこともあるでしょう。実はストレスといわれるものは、この抑圧された感情のことを指すのです。

例えば、ネガティブな感情（不安、寂しさ、嫉妬など）を感じた時。そんな時に「ネガティブになっちゃダメ！」と思っていると、その感情は増幅してしまいます。

感情を無視しようとすれば、「ここにいるよ！」と泣き叫ぶこともあるでしょう。

すると、あなたはいつまでもその感情に引きずられてしまうのです。

ですからお母さんが3歳児をなだめるように、ネガティブな感情に対しては、「うん。そうだね。そう思うよね」と言って受け入れてあげてください。

そして、「今まで頑張ったね。えらいね」とほめてあげてください。

ネガティブな感情こそ、ちゃんとその存在があるということを認めて、受け入れてあげることが大切です。

そのうち子どもが泣き止むように、感情も少しずつ落ち着いていくでしょう。

ネガティブな感情は、優しく受け入れる

心をほぐすワーク

感情とうまく付き合うには

自分の中にいる3歳児（感情）とうまく付き合えば、振り回される場面が少なくなります。ポイントを知っておきましょう。

[無視しない]
寂しくないふり、悲しくないふりをすればするほど、3歳児は主張を始めます。ちゃんと存在を認めてあげましょう。

[ダメと言わない]
「ダメ」と言われるほど興味がわくのが3歳児。「怒っちゃダメ」「不安になっちゃダメ」と抑圧するのはやめましょう。

[嬉しい時は思い切り喜ぶ]
嬉しいことがあっても、人の目を気にして思い切り喜べなくなっていませんか。「やったー！」と大声で言ってみましょう。

[泣くのを我慢しない]
泣きたい時も思い切り泣きましょう。我慢しなくて大丈夫です。

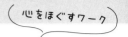

大人だって「ムカつく!」と言っていい

大人になると、怒りを感じても相手に直接伝えることは減りますよね。喉元まで出かかった言葉を必死に飲み込んだ経験は、誰にでもあるでしょう。

色々な感情の中でも、「怒り」はとても強いパワーを持つもの。その感情に振り回されないようにするだけでも、たくさんのエネルギーを消耗し、気を抜くと自分を見失うこともあるほどです。

また、**怒りを無理に自分の中に収めようとすると、その怒りの矛先が自分に向かい、「なんで私ばっかりこんな目に遭うんだ!」とか、「こんな会社に入った自分がバカなんだ」「私はいつも損をする人生だ!」などと、自分を攻撃して**

しまうことにもなりかねません。

言いたいことが言えなかった時、どうしてもイライラしてしまう時は、その怒りをちゃんと発散させることが必要です。

発散せずにため込んでいると、はじめは怒りを感じていたことでも、やがてその状態に慣れ、感覚が鈍ってしまいます。

ただし、それは怒りがなくなったわけではなく、自分を守るために麻痺させているだけ。心の中にどんどん怒りはたまっています。

そして、ため込んだ怒りはある日突然、爆発します。自分の意志で発散させたわけではないので、自分自身もどう処理していいのかわからず、自分も他人も傷つけてしまうことになりかねません。

怒りは外に出さずに収めるものと考えず、「怒ってもいいんだ！」と自分に許可しましょう。それは、自分を守ることにもつながります。

家族や友達が近くにいるなら、話を聞いてもらうのがベストです。自分の言葉で直接怒りを口にすることができますし、特に女性は会話が最大のストレス発散になるので、友達に話を聞いてもらって、「それって本当にひどいね！」などと共感してもらうと、いつの間にか怒りが収まっているということもあるでしょう。

話すのが難しければ、ノートに怒りを書き出してみてください。文章で書く必要はありません。紙1枚をまるまる使って「ムカつく！」と書きなぐったり、書いたものを投げ捨てたりしてもＯＫ。

手書きの方が感情とリンクしやすいのでおすすめです。

また、怒りは心理学では「感情のフタ」と言われます。

寂しさ、恥ずかしさ、悲しみ、罪悪感、嫉妬など、自分にとって嫌な感情がある時、「怒り」というフタをして、それらを見ないようにするのです。

あなたが感じている怒りの奥には、どんな感情が隠れているのでしょうか。

プライドを横に置いて、本当の気持ちを見てみましょう。

嫌な感情に目を向けるのは辛いことですが、素直な自分を受け入れられると、自分や他人への攻撃がなくなり、怒りの感情が整理されていきます。

怒ることを許し、その怒りの火を根本から消そうとすることで、いつまでもモヤモヤとくすぶった状態から抜け出すことができるでしょう。

怒りはため込まず、適度に解消を

出会う人があなたの感情を教えてくれる

自分が寂しい気持ちでいると、道を歩く人が心なしか寂しそうに見えたり、きれいに晴れている空も何となく寂しげに見えたりするものです。

また、イライラしている時には、話している相手もイライラしているように感じたり、怒っている人が目についたりします。

これは「投影」と言われる、心理学の基本的な法則のひとつです。

私たちは周りのものを全て見ているわけではなく、自分で（無意識に）選択しています。その選択の基準はあなたの感情や感覚、すなわち「心」です。

ですから、あなたが見えているものや、出会う人から、あなたの感情（無意識のものや、禁止しているものも含めて）を知ることができるのです。

もし、やたらイライラしている人が目についたり、接する人が自分を攻撃しているように感じたら、「私も何かにイライラしているのかな」と思ってみてください。そうすると「すっかり忘れてたけど、友達が週末の予定をキャンセルしたことにイライラしているんだ！」などと気づくことができます。

出会う人は、あなたが知らず知らずのうちに抱えている感情を自覚させるために、「あなたもあんなふうに怒っているんですよ」と知らせてくれるのです。理由はわからなくても大丈夫です。自分の中にその感情がある、ということを認めて、ただ「私も怒ってるのかな～」と思っておくだけで、それを解放することができるのです。

ネガティブな感情だけではありません。

投影というのは、自分の状態がよければ、あなたにとってよいものが目につきやすくなり、ポジティブな印象を与える人が周りに集まってきます。

私のクライアントさんからもよく「最近出会う人が変わってきました。素敵な人が増えてきたんです」という報告をいただきます。きっとそれは自分自身の状態が安定して、ポジティブな気持ちでいられる時間が増えたからでしょう。

逆に、「最近何かとトラブルに巻き込まれるな。人とのめぐり合わせがよくないな」と感じたら、自分が少し低調な時期に入っている証拠。メンテナンスの時期がきたことを教えてくれているのです。

ネガティブな感情があることに気づき、それを解放していくことで、自分の状態はよくなります。そして、そのごほうびのように、周りの環境や出会う人も、あなたにとってよいものに変わっていくでしょう。

心のメンテナンスをしよう

心をほぐすワーク

今の自分の心をチェック

私たちは無意識のうちに、自分の感情をフィルターにして周りを見ています。自分の周りにどんな人がいるかを振り返り、あなたの隠れた感情や心の状態を知りましょう。

1 「私の周りには○○な人が多い」の○○に当てはまるものを探しましょう(優しい、面白い、元気、暗い、大人しい、疲れている、我慢している、気をつかっている、笑顔、楽しそう、前向きなど)。

2 今日、電車の中やお店などで見かけた人、すれ違った人で印象的な人や場面はありますか？　具体的に思い出してみましょう（コンビニで店員に怒っている人がいた、電車の中で泣きそうな顔をしている女の子がいたなど)。

どちらの質問も、今のあなたの心の状態を示します。すぐにピンとこなくても、自分の心を映し出していると謙虚に認めてみるといいでしょう。

「うらやましい！」と言えば驚くほどラクになる

ある女性Aさんの恋愛のご相談。

同僚と2年間付き合って別れたのですが、その彼の次の彼女Bさんが同じフロアで仕事をする後輩なのです。

Bさんは彼と付き合い始めてから、どんどんきれいになっていきます。しかも、Bさんと彼は勤務中にも接点が多く、Aさんはその様子を見るたび、自分がどんどんみじめになっていくそうです。

でも、Aさんは「もし会社を辞めたり、休んだりしたら負けたような気がする」と言って、意地でも出勤しています。

嫉妬は苦しく、屈辱的かつ、みじめであり、不安や焦りなどのネガティブな

感情の集まりです。

とても強いパワーがあり、情熱的で、どれだけぬぐい去ろうと頑張っても、次から次へとあふれ出てくるものです。

「私はあの子に負けたんだ」

「なんであんな子がいいわけ？」

「どうせ私はあの子よりもかわいくない」

「もう一生彼氏なんてできないかもしれない」

そんなふうに、様々なネガティブな感情がわき上がってきてしまいます。

ですから、それを認め、受け入れるにはすごく勇気がいります。多くの方は「私は嫉妬なんかしていないよ」と、気持ちを抑圧するのではないでしょうか。

対処としては少々荒療治ですが、**誰もいないところで「私は嫉妬しています。**

（Bさんを）うらやましいと思っていますと声に出して言ってみましょう。

嫉妬って、要は「うらやましい」ということですよね。

だから、「彼と付き合えるBさんはうらやましい」と認めてしまうと、一時的に嫉妬の炎は強まりますが、自分の中の葛藤がなくなるのでラクになります。

「私はBさんよりも劣っていると思って不安になるし、自信を失っている」

「Bさんのように恋をしてきれいになって、誰かにうらやましく思われたい」

「私はまだ彼のことが大好きで、忘れられない」

そんな自分の心の素直な声を認めると、不思議なほど嫉妬心から解放されます。

ただし、「だって私の方がBさんより○○だもん」などと考えるのは、一見スッキリしますが、結局は誰かと比べているということ。また嫉妬のループに戻ってしまうので、やめた方がいいでしょう。

まずは、意地を張ることをやめて、自分の心にできるだけ素直に向き合ってみましょう。それが、嫉妬の感情を整理するために一番有効です。

嫉妬を感じるのは、あなたに情熱があふれているということでもあります。嫉妬するくらいの情熱で誰かを愛せたら？　自分を磨くことができたら？　何かの目標に向かって突き進むことができたら？　きっと人生も大きく変わっていくはずです。

嫉妬という感情は、よくも悪くも、とてもパワーを持った感情です。苦しいものだけれど、勇気を出して向き合えば、その分だけポジティブな感情が戻ってくるはずです。

嫉妬をポジティブなパワーに

寂しさに負けそうになったら

恋人と別れて寂しい、休日にひとりで過ごすのが寂しい、特に理由はないのに孤独な感じがする、という経験はありませんか。

寂しさは、私たちがお母さんのお腹から生まれてきた時に最初に感じる感情とも言われ、最も付き合いの長い感情のひとつです。

へその緒が切れ、お母さんと切り離された時に感じるのが寂しさなのです。

子どもの頃は寂しい時、「お母さーん！」などと泣き叫んだりしますよね。

それが大人になると、お酒を飲んだり、やけ食いしたり、買い物に没頭したり、

恋人に依存したり、仕事でスケジュールをいっぱいにしたりして寂しさを埋め

ようとします。

しかし、一瞬は気が紛れても、その後また孤独が襲ってきます。

「私は何をやっているんだろう」と自己嫌悪することもあるかもしれません。

寂しいと感じる時は、誰かとのつながりを求めている時。

人は、誰かの存在を感じると安心します。

たとえ近くにいなくても、自分が誰かのことを思っていたり、誰かから思われていることを知るだけでも、心は安らかな思いで満たされます。

だから、ぜひ自分からつながりを求めてみてください。

あなたが孤独だと思っていても、あなたのことを思っていてくれる人はたくさんいます。例えば家族。お父さん、お母さん、おじいちゃん、おばあちゃん。

離れていても、今はもう亡くなっていても、あなたの幸せを祈ってくれている人はいます。

なかなか会えない友達だって、あなたのことを「元気でいるかな?」と考えてくれているかもしれません。

そんな人たちのことを考えれば、つながりを感じられるのではないでしょうか。

ただし、気をつけないといけないのは、誰かに「思われる」ことだけではなく、あなたが「思う」ことでつながりが完成するということ。

あなたも、ぜひ家族や友達、恋人のことを思ってみてください。

もちろん、実際に電話で話したり、直接会ったりすることも大切です。普段話していない友達や家族にコンタクトをとってみてはいかがでしょうか。

つながりが、孤独を癒す

心をほぐすワーク

つながりで心を温める

つながりを感じれば寂しさが和らぎ、安心した気持ちに包まれます。静かな場所で、イメージをふくらませてみましょう。

1 あなたがつながりを感じたい人を思い出してみてください。その人への思い（ありがとう、大好き、もっと一緒にいたいなど）を全身で感じていきましょう。

2 その思いがあなたの胸のあたりから浮かび上がり、優しく温かい光とともに、相手を包み込んでいくのをイメージします。

3 それによって、その人の表情が少しずつ柔らかく、穏やかになっていくのをイメージしてみましょう。

相手の優しい表情をイメージできると、あなたの心も温かく、穏やかな気分で満たされていきます。

後悔は過去と向き合うチャンス

「ああしていれば、うまくいっていたかもしれない」

「やっぱり○○すればよかった。そうしていれば今頃△△なのに…」

そんなふうに、自分の行動を後悔してしまうことは誰にでもあるでしょう。


怒りや嫉妬とともに「嫌な感情トップ3」に入るのが、この後悔という感情。

「後悔したところで、どうにもならない」と頭でわかっていても、なかなか頭から離れませんよね。


特に「なんであの時、○○って言わなかったんだろう」とか、「なんであの時、○○しなかったんだろう」などという、「できるのにやらなかった後悔」は、「やって失敗した後悔」よりも強く心を支配します。

何かを後悔することが、なぜこんなにも苦しいのか。それは、自分は現在にいながら、気持ちが過去へ過去へと向かうからです。

過去の出来事を繰り返し思い出して、別のアプローチをシミュレーションし、それをしなかった自分を何度も責めたり、誰かのせいにして自己嫌悪から逃れようとしたりもするでしょう。

「もし、時が戻れば…」と意識が過去に向かうほど、未来に背を向け、現在から目をそらしてしまいます。

そして、その分だけ足元がふらついて、一層不安が募るのです。

「どうせ、やったとしても失敗したはず」などと自分の行動を正当化してみても、結局は自己嫌悪に陥ったり、みじめな気持ちになるだけだったりもしますよね。

どうしようもないと頭で理解していても、気持ちが過去にある限り、まるでのぼっていくエスカレーターの上で、後ろ髪をずっと引っ張られている感覚に陥ってしまうのです。

その不快感や違和感が、後悔を際立たせる理由になっているのです。

後悔の感情を整理するには、きちんと「事実を受け入れる」ことが大切です。

実は、後悔していることの多くは、それができていません。

後悔したり、執着することで、結果的に事実から目を背けてしまうことが多いのです。

例えば、「なんで別れてしまったんだろう」という後悔は、「○○をしていたら別れなかっただろうか」とか、「まだこれから復縁するチャンスはあるだろうか」と考えることによって、「恋人と別れた」という事実をカモフラージュしてしまっているのです。

だから、後悔の気持ちから抜け出せない時こそ、起こった過去の事実をちゃんと受け止めて、「今」できることに目を向けることが大切です。

今できることというのは、彼（彼女）にもう一度思いを伝えることかもしれませんし、彼（彼女）の幸せを願うことかもしれません。

ただし、それは自分がしたくてすることであり、相手が受け入れてくれるかどうかはわからないという覚悟を持つことも必要です。

そんなふうに、現実に目を向けられるようになると、自然と「これからは○○しよう」と前向きに思えるようになるでしょう。

後悔していた出来事はこれからの前向きな課題となり、次のチャンスをつかむ自信を与えてくれるはずです。

過去をきちんと受け入れよう

ぐっすり眠れば、心もスッキリ

皆さんは今朝、どんな気分で目覚めましたか？
「もう少し寝たい〜」とか、「今日はまだ○曜日かぁ」などと思いながら、重たい体を引きずって布団から出た方もいらっしゃるのではないでしょうか。

睡眠は体だけでなく、心にとっても大切な「癒し」の時間で、なくてはならないもの。普段ため込んでいるネガティブな感情やストレスを、寝ている間に潜在意識が処理してくれているのです。

つまり、朝スッキリ起きられて、ポジティブな気持ちになれる時は、質のよい睡眠がとれた証拠。しかし、睡眠不足だったり、感情が処理される前に起きてしまったりすると、前日のストレスやたまっているネガティブな感情が心の中に残ってしまうのです。

例えば、〈面倒な〉仕事を、〈嫌いな〉上司に〈押しつけられて〉、〈イラっとした〉という出来事も、睡眠によって感情の整理ができれば、「上司に仕事を頼まれた」というだけのシンプルな出来事としてとらえられるようになります。

しかし、感情の整理ができていないと、ネガティブな感情をずるずる引きずったまま、また1日を始めることになってしまうでしょう。

それが続くと、特に嫌なことがあるわけではないのに仕事に行く気がしなかったり、わけもなくイライラしたり、色々なことがめんどくさくなってしまうのです。

ですから、私が行っているカウンセリングやヒーリングも、眠りの質を高めるのが目的と言っても過言ではありません。

また、ストレスは嫌な出来事があった時にだけ起こるものではありません。仕事や家事などで、自分以外のものに意識を向ける時間が多いほど、自然とストレスがかかります。特に都市部で生活していると、いつでも他人と接している状態ですので、さらにストレスがかかりやすいといわれています。

毎日きちんと睡眠をとることで、知らず知らずのうちにたまっているストレスやネガティブな感情を整理しましょう。

睡眠の質を高めるには、寝る前に深呼吸を行うのが効果的です。呼吸と心にはつながりがあり、深い呼吸をすると、リラックスにつながります。「朝、ポジティブな気持ちで目覚める自分」になりたい方は、ぜひ試してみてください。

質のよい睡眠で、ポジティブな1日に

心をほぐすワーク

質のよい睡眠をとるには

質のよい睡眠をとると、心もイキイキ。普段から快眠のための習慣を心がけましょう。

[7秒呼吸法]

7秒かけて息を吐き切り、そのまま7秒間止めます。次に、7秒かけて息を吸い、7秒間止めます。それを数回繰り返します。苦しければ5秒ずつでもOKです。

[軽くストレッチする]

ストレスは筋肉をこわばらせることもあります。軽くストレッチをして、体の緊張をほぐしましょう。顔も筋肉がこわばりやすいので、優しくマッサージするとよいでしょう。

[お腹を温める]

手のひらやタオルでお腹を温めると安心感が得られ、眠りやすくなります。お腹がじんわり温まっていくのを感じてみてください。

4章

自信を持って、なりたい自分に

毎日にワクワクを増やそう

「変わりたいのに、変われない」のはなぜ？

今、あなたが住んでいる家から引っ越しをすると想像してみてください。今の家は長年住んでいて、色々と小さな不満があります。友達が住んでいるマンションはきれいだし、部屋も広いし、おしゃれな街にあるし、自分もそんなところに住みたいと思って、あなたは引っ越しを決意します。

しかし、新しい部屋を探し始めた頃、ふと考えます。

おしゃれなマンションは素敵だけど、もしかして使い勝手が悪いかもしれない。部屋は広いけれど、掃除が大変かもしれない。おしゃれな街だけど住み心地がいいかどうかはわからない…。

そんなことを考えると、引っ越すのをためらってしまいませんか？

この躊躇は、あなたの潜在意識に似ています。
誰でも「新しい自分に変わりたい！」と思ったことがあるでしょう。
しかし、そう思ってあなたは変わることができましたか？
なかなか変われないと思った経験のある人の方が多いのではないでしょうか。

実は、私たちが「変わりたい」と思っても、潜在意識は「変わるのが怖い」と思っています。つまり、「現状維持」を望んでいるのです。

今までの自分なら、どんなことで傷つくかも知っているし、対処もできる。
それに、自分の周りで起こりうる、ある程度のことは予測することができますよね。

けれど、新しい自分になったら、どんなことが起こるのか想像がつかない。
素敵な自分になれるかもしれないけど、大変なこともあるかもしれない…。
そんな不安から、変わることをためらってしまうのです。

人の心の中は、「意識」「潜在意識」「無意識」でできています。そのうち、意識はたった4％程度。あとの96％は潜在意識と無意識という構成です。

潜在意識とは、感情や感覚、直感的なもので、普段は意識することはありません。しかし、何か行動しようと思った時などに、急に浮かび上がってきます。

しかも、それは意識の何十倍も強い力を持っています。

いくら「変わりたい」と懸命に考えていても、潜在意識がノーを出している限り、なかなか行動に移すことはできないのです。

ですから、やりたいのになかなかできないことがある時は
・潜在意識の存在を理解し、気長に待つこと
・具体的なビジョンを描くこと
が大切です。

潜在意識が現状維持を望んでいるということを知っていれば、動けない自分にダメ出しするのではなく、「そっか、潜在意識が止めているんだな」と考えることができますね。

深く理由を考える必要はありません。「変化するのが怖いのかな」「前の失敗を引きずっているのかな」などと思いながら、焦らず行動を続けてみてください。

また、「こんなふうになりたい」「こんなことをしたい」という明確なビジョンを持つことで、潜在意識に働きかけることができます。

憧れの人の写真をいつも見えるところに貼っておいたり、新しい自分になったらしたいことを具体的にイメージしたりしてみましょう。

そうすると、変わることへのワクワク感が生まれ、その情熱があなたの行動を促します。アファメーション（↓152ページ）も潜在意識に働きかける強力なツールになるでしょう。

変わりたいなら、焦らない

受け取り上手になろう

　ある人が「あなたが気に入ると思って」と、アクセサリーをプレゼントしてくれたとします。それに対してあなたが、「わあ！　これいいね。本当にありがとう。嬉しい！」と言ったとしたら、その人は笑顔になってくれるでしょう。

　あなたも嬉しくなって、きっと毎日そのアクセサリーを身につけるはずです。


　一方、あなたがとても恥ずかしがり屋だったり、自分にはプレゼントを受け取る資格がないと思っていたりすると、手にしたプレゼントに「いいの？　私なんかが本当にいただいちゃっていいの？」と遠慮してしまうでしょう。

　その人はちょっと困った顔になりつつも、「あなたのために選んだんだ。遠慮せずにどうぞ」と言ってくれます。

そして、包みを開けるあなた。「えー、いいよ、こんな素敵なもの。私には似合わないと思うし…」。つい、口からそんな言葉が出てしまったとします。そんな気持ちでもらったアクセサリーは、せっかくもらっても、身につけないまま引き出しの中で眠ってしまうことになるでしょう。

さて、ここでは「プレゼント」としていますが、そういう見えるものに対しては、意外と皆さん素直に受け取ることができると思います。しかし、「愛」とか「魅力」「承認」「賞賛」といったものについてはどうでしょうか。受け取るのはなかなか難しいのではないでしょうか。

「あなたのいいところって、○○なところだよね！」と言われた時、「そんなことないよ。私なんて全然ダメだよ」と否定していませんか？

「ありがとう」と言いつつも、心の中では、「どうせお世辞でしょ」などと、すねた気持ちになっていませんか？

自分に自信を持つ方法の基本は、「与えられたものを素直に受け取ること」です。誰かからほめられること、愛されることを素直に受け取ったり、生まれもった魅力や才能を自分で認めることができれば、確実にあなたのものになります。

しかし、受け取りを拒否してしまったら、自分のものにならないどころか、すねた気持ちや罪悪感だけが残ってしまいます。

素直に受け取れない時、あなたの意識は自分自身に向いています。恥ずかしさや怖れ、不安、無価値感、罪悪感など、自分の感情にしがみついてしまっているのです。

そんな感情を生み出してしまうのは、昔からの経験や思い込み。

小さい頃からあまりほめられたことがなければ、与えてもらうこと自体に慣れていなくて、自分に受け取る資格があることが信じられないのです。

また、早い時期から自立している人は、誰かが自分のために何かをしてくれるという発想がないうえ、受け取ること=弱みを見せるように感じてしまいます。

あなたが今まで大切な誰かから与えてもらったものを探してみましょう。
両親からの愛、友達から言われた言葉、子どもの頃から周りに認めてもらえた自分の長所や魅力、恋人に愛された経験。それらをあなたはちゃんと受け取ってきましたか？

もしその時にできていなかったなら、もう一度その場面を思い出して受け取り直せばいいのです。自分自身に「受け取っていいんだよ！」と許可してみましょう。

それによって、与えられたものを「持っている」と実感することができるようになるでしょう。それはまぎれもなく、あなたの自信となります。

ほめられたら、素直に「ありがとう！」と言おう

自分に自信をつけよう

自分に自信を持てない人は、「自分を他人のように扱ってあげること」をおすすめします。他人には優しくできるのに、自分にはひどい仕打ちをしている方はいらっしゃいませんか？　ワークを通じて自分のことをもっと知ってみましょう。

リラックスして、以下のイメージを 10 分ほど続けてください。

あなたは、映画館の特等席にひとりで座っています。
カタカタとフィルムが回り始めて、目の前のスクリーンにお腹の大きな女性が映し出されます。ほどなく出産を迎え、ひとりの子どもが誕生しました。この映画はその子どもの成長を記したドキュメント映画のようです。その子が生まれてから今日までの人生を映し出していきます。

その主人公はあなたでした。楽しいこと、悲しいこと、嬉しかったこと、寂しかったこと、頑張ったこと、傷ついたこと、その全てが収められた映画です。

映画はいかがでしたか？　以下の質問に答えながら、主人公についてまとめてみてください。

1　その映画で印象的だったシーンは、どんなシーンでしたか？（小学生の時にピアノの発表会でほめられたシーン、初めての彼氏に振られたシーン など）

2　その時の主人公に伝えたいメッセージはありますか？（「たくさん練習したからうまくいったんだね！」「失恋って辛いよね。でもきっと次はうまくいくよ」など）

3　主人公のいいところ、好きだなと思うところを10個探してみましょう。直感でOKです。

心がじーんと温かくなった方、涙が出た方もいるでしょう。自分のいいところ、今まで頑張ったところを客観的に見ることで、自分を大切にできるようになり、それが自信につながっていくのです。

理想をプレッシャーにしない

仕事をテキパキこなし、上司から認められ、後輩からも尊敬される私。
ポジティブで、小さなことでくよくよしない私。
人間関係も恋愛もうまくいっている私。
いつも周りに愛されて、仲間がたくさんいる私。

カウンセリングをしていると、こういった「理想の私」を思い描いているのに、そうなれないというお話をよく聞きます。まるで「ポジティブ検定」「人間関係検定」などというものがあり、それにどうやったら合格できるのか？　という答えを求めているように感じられます。

誰でも、自分と違うタイプの人は魅力的に見えるもの。特に、自分自身の嫌いな部分と正反対のものを持つ人に出会った時、「こんなふうになれたらいいなぁ」と思うのは自然なことです。

ただ、「なれたらいいなぁ」くらいならいいのですが、「今の自分ではダメだ」「私が人から愛されないのは○○だからだ」という自己否定をもとに、「理想の私になれれば幸せになれる」と考えてしまうと、どんどん苦しくなってしまいます。

なぜなら、掲げた理想は、今の自分とは遠く離れているから。

すごくネガティブな人が、すごくポジティブな女性になりたいという理想を描いても、元々の自分にはない要素を求めているので、頑張ってもついネガティブな自分が出てきてしまうのです。

すると、「またネガティブなことを考えちゃった。本当に私はダメだ」とさらに自己嫌悪に襲われたり、「私は目標を達成することができない」という「できない経験」を積み重ねてしまいます。

そして、自分の嫌いな部分を変えたいと思えば思うほど、あなたはいつも理想を目指して頑張らなければならなくなります。今の自分ではない、何者かになるために、ないものねだりをし続けなければならないのです。

それって本当にしんどいでしょう？　疲れてしまいますよね。

「理想の私」を思い描くこと自体は、悪いことではありません。

しかし、なりたいはずの「理想の私」なのに、それがプレッシャーになってしんどくなってしまうのは、本末転倒ですよね。

だから**「理想の私」になることより、「理想の私になったら何をしたいか」に意識を向けてみてください。きっとワクワクした気持ちで「理想の私」をイメージできるでしょう。**

そして、「こういうふうになれたらいいなぁ～」というくらいの気持ちで、ゆったりと構えることがポイントです。

各駅停車の電車がいずれ目的地に着くように、少しずつ理想に近づいていきます。早く着きたいからと必死になって電車の中を走っても、疲れるだけで、目的地にはたどり着けませんよ。ただゆったり座っていればＯＫです。


さて、電車が目的地に着いたら、あなたは何をする予定ですか？

友達に会う、おいしいレストランに行く、好きな仕事を始める。自分のしたいことができると考えると、駅に着く頃には、ワクワクした気持ちでいっぱいのはず。

そんなふうに、「○○な私になったら、○○をする！」と考えられたら、理想の私ではない過程も焦らず楽しめるようになるでしょう。

理想には、そのうち近づける

短所を長所に変えるコツ

聞いたことがある方もいらっしゃるかもしれませんが、心理学的に見ると、長所と短所は表裏一体、光と影といえる存在です。

光が強ければ影も濃くなるように、魅力的な一面も別の角度から見れば、厄介なところだったりするのです。

例えば、「バイタリティあふれるアクティブな人」と言えば長所ですが、「いつも前向きすぎて、疲れている時に会うとしんどい人」と言えば短所にもなります。

逆に、「わがままで自己中」という短所は、見方を変えれば「自由で、周りに流されず、自分をきちんと持っている人」とも言えるわけです。

つまり、ものは言いようなのです。同じものを見ても、光が当たっている方を見ているのか、影の方を見ているのかで表現も感じ方も全部変わってしまいます。それは、自分自身が選んだ見方です。

恋愛や人間関係がうまくいかない時、ネガティブな時、私たちはつい「自分を責めるために」影の部分を見てしまいます。

「こんなダメな自分だから、うまくいかなくて当然なんだ。こんな欠点があるからうまくいかなかったんだ」と正当化することで、自分がラクになるような気がするから、何もないところからわざわざ自分の欠点を探し出してしまうのです。

カウンセリングをしていても、「また私の短所見つけました！」と言わんばかりに、次々と短所を探してしまう方、とても多いです。

ネガティブな時、視点を変えてみようというのはとても難しいことかもしれません。しかし、いつも自分の短所ばかりを見つけてしまう人は、クセを直すように根気強く自分と付き合ってあげる必要があります。

短所も自分が長所と認めてしまえば、長所になります。だから、自分は短所だらけと思っている人は、実は長所の宝庫なのです！

それがなかなか実感できない場合は、手帳などに長所を書いて、気づいたら眺めるようにしていると、自然と受け入れられるようになりますよ。

また、究極的には欠点も「愛すべき個性」として受け入れてＯＫです。皆さんの周りにも「欠点もあるけど、どこか憎めないキャラ」として受け入れられている人がいるでしょう。短所と思っている部分をどう見るか、どう愛するのかが、あなたの存在をより魅力的にするカギになるでしょう。

長所を見る目を持とう

心をほぐすワーク

短所を長所に変換してみよう

自分で「嫌だなぁ」と思っている部分を、リストアップしてみましょう。そして、その右側に見方を変えたものを書きます。自分のことだと思わず、その短所で悩んでいる人のいいところを見つけるつもりで考えるとよいでしょう。

例）

- ネガティブ → 感受性豊か、慎重、問題点によく気づく
- 飽きっぽい → 好奇心旺盛、視野が広い、チャレンジャー
- 人の顔色をうかがう → 人の気持ちがわかる、感受性豊か
- 堅い、真面目すぎる → 慎重、確実、信頼される
- 人の意見を聞かない → 自分を持っている、発想力がある
- 不満が多い → 問題点によく気づく、高い目標を持てる
- 怒りっぽい → 感情が豊か、エネルギッシュ、情熱的

これはあくまで一例です。自分がどう見るかが大切なので、自分の言葉で変換してみてください。はじめは自分の長所ではないと感じるかもしれませんが、少しずつ自分の魅力として受け取っていきましょう！

自分の魅力は「ある」と言えば「ある」

相談にいらっしゃった女性と私の会話です。

私「あなたの中には、とても女性らしい優しさがあるんです。だから、男性はきっとあなたに会うとほっとして、安心できると思うんですよ」

彼女「そう言われれば、元彼が私といると落ち着くって言っていましたが…。それってそんなにいいことなんですか？」

私「そうですよ。それはあなたのかけがえのない魅力。チャームポイントみたいなものですよ」

彼女「えっ…全然たいしたことないですよ、普通にしていただけなんで。本当、特に何もしていないし」

私「そうなんですよ！　その普通というのが大事です。無理していないってことでしょ。自然にできるのが、あなたの素晴らしいところなんですよ」

彼女「え、でも…」

この10年間、色々な方と数百回はしたのではないかと思う、この会話。
「あなたの魅力は○○ですよ」とお伝えして、「そうですか！　嬉しいなぁ〜、やったー！」という反応をする人はまれで、「そんなことないと思いますけど…」とか「カウンセラーさんだから、そういうことを言ってくれるんですよね？」「私なんかより、○○さんの方がずっと素敵だと思います」などという反応をされる方がほとんどです。

私たちはないものねだりで、自分にはない魅力には敏感です。それなのに、自分の手元にある素晴らしいものには、本当に無頓着なのです。

昔からあって当たり前のものだから、それを魅力と思っていいということがわからないんです（温泉地に住んでいる方が、温泉に特別な魅力を感じないのと同じかもしれません）。

だから、その「当たり前」という思い込みを自分自身ではずしていきましょう。

まずは「自分には魅力がある」ということを知ってください。

あると思えばあるし、ないと思えばないのです。他の人と比べることも、一番である必要もありません。

過去から現在まで、友達や恋人はあなたにどんな魅力を感じてくれていたかを思い出してみてください。はっきりと魅力を伝えてくれることがなかったとしても、あなたに何か魅力を感じてくれたからお付き合いが始まったはず。

「私はそうは思えないけれど、どうも私は女性らしくて、優しいらしい。ある人にとってはそれが恋愛感情を感じるほど、素敵なものらしい」

まずは、そんなふうに考えてみるとよいでしょう。

また、ひとつの魅力はそこからいくつもの魅力を引き出すことができます。例えば、「女性らしい」は穏やかさ、柔らかさ、気がきくなど、色々な要素がありますね。そのひとつひとつがあなたの魅力なのです。

そんなあなたの魅力はアクセサリーのようなもの。せっかく自分のものになったのだから、ちゃんと毎日身につけて活用しないともったいないですよね。

自分の魅力で恋愛を引き寄せたい、自分に自信をつけたい、よい人間関係をつくりたい。どんな場面でも「私は魅力がある」ということを忘れないでください。

「当たり前」は、かけがえのない魅力

心をほぐすワーク

あなたの隠れた魅力発見シート

自分の心を何かに映し出すことを、「投影」と言います(→ P102)。それと同じように、あなたがいいなと思う人が持っている部分は、実はあなた自身の内面にもあります。それをその人が映し出しているのです。周りの人を通して、あなたの魅力を発見してみましょう。

1 自分が魅力を感じる人を３人選び、それぞれの人のどんなところに魅力を感じるか、書き出してみましょう。有名人でも身近な人でも構いません。

2 ３人の魅力で重複しているものに○をつけましょう。

3 今つくったリストが、あなたの魅力のリストです。特に○がついたものは大きな魅力です。その中で、どうしても自分とは違うと感じてしまうものには◎をつけて、「受け取り重点項目」としましょう。

右ページのワークで、自分の気づかない魅力を見つけたら、以下の方法を参考に、それを受け取ってみましょう。特に「受け取り重点項目」の魅力は、しっかり自分のものにしてくださいね。

[受け取りたい魅力を持っている人に近づく]
自分が受け取りたい魅力をすでに持っている人が身近にいれば、その人や、その魅力を持った人たちが集まる場所に身を置いてみましょう。自然にその人の考え方や感じ方を体感でき、自分の中に隠れている魅力を引き出すことができます。

[自分が魅力的になったように振る舞う]
自分にとってピンとこない「受け取り重点項目」の魅力こそ、それを持っているつもりで１日を過ごしてみましょう。

例えば、「明るくて物怖じしない」という魅力を自分のものにしたければ、初対面の人と話す場面で、明るく堂々と振る舞ってみるのです。いつもの自分には苦手なことでも、なりきって振る舞っているうちに、その魅力が自分になじんできますよ。なりきるのが難しければ、「こういう時、○○の魅力があったらどう振る舞うかな？」と想像するだけでもOKです。

夢の叶え方は、2タイプある

「目標を立てるのが苦手なんです」

「営業職なのに、数字の目標に向かって仕事をするのが苦痛なんです」

「料理教室とか、英会話とか、やる気になって始めるのに全然続かないんです」

そんな話をする方、あなたの周りにもいらっしゃるのではないでしょうか。

また、あなたはどうでしょうか？


ビジネスの世界には、何らかの「目標」を立てて、そこへのプロセスをきちんと描き、その設計図に従って努力や行動を積み上げていく、というスタイルがあります。「目標設定→達成」を繰り返して夢を叶えていく方法です。これを「目標達成型」と言います。

これは欧米型の考えで、男性性が強く反映されたもの。理論的な人や男性的な思考ができる人に向いています。

一般的に「目標」というと、このようなものをイメージしますよね。

一方、自分のもとにやってきたものをありがたく受け取り、目の前のものにベストをつくすことでステップアップしていくというのも、夢を叶えるスタイルのひとつです。これは「天命追求型」と言われます。

自ら目標をつくり出すのではなく、今ある状況が天から与えられた使命であるとして受け取り、それにベストをつくすスタイルです。

目標を立てるのが苦手という方は、「天命追求型」のスタイルの方が合っているのです。

そして日本人は、このスタイルに向いている人が多いといわれています（農耕民族だった日本人は、天気など、どうにもならない事情に左右されることが多く、目の前にある状況を受け入れなければいけないことが多かったため)。

ですから、ビジネスの場でも数字の目標を立てて、それをクリアするためにがむしゃらに仕事をするよりも、**目の前にある仕事にベストをつくし、その結果、次のステップに当たる仕事を上司などから提示される、一見「受け身」のスタイルの方が力を発揮できるのです。**

目の前のことに感謝して、一生懸命関わっていけば、自然と道が拓かれる、と信じていてください。

もし途中で他のことがしたくなれば、それはそれで身を任せてＯＫです。

遠回りしたように見えても、色々なことが結びつき、いつか実を結ぶでしょう。

自分のスタイルで、夢に向かおう

心をほぐすワーク

あなたの夢の叶え方は？

あなたは天命追求型？　目標達成型？
当てはまるものをチェックしてみましょう。

- □ 新しいことに対して、腰が重い方だ
- □ 昔から計画を立てることが苦手だ
- □ 人と打ちとけるのは早い方だと思う
- □ 締め切りを設定されると、プレッシャーに感じてしまう
- □「なるようになるさ」と考えることが多い
- □ 買い物では、はじめに入った店にある物の中から選ぶ
- □ 周りを引っ張っていくよりも、受け身なタイプだと思う
- □ 比較的器用に何でもこなす方だと思う
- □ 出された食事は何でもおいしくいただくことができる
- □ 将来の目標を聞かれると、答えに困ってしまう

６個以上当てはまる人は「天命追求型」。半々くらいなら「目標達成型」のスタイルにも向いているので、仕事は「目標達成」、趣味やプライベートは「天命追求」と使い分けると充実させられるでしょう。

つぶやきで欲しいものを手に入れる

「カウンセリングを受けて、その時は前向きになったり、スッキリしたりしても、数週間経つと元に戻ってしまう」という声を聞くことがあります。
そういう方には、毎日「アファメーション」をすることをおすすめしています。

アファメーションとは「肯定的暗示」のことで、前向きな言葉を自分自身に宣言することです。「引き寄せ」という言葉を聞いたことがある方もいらっしゃるのではないでしょうか。

自分がなりたいと思う姿や、手に入れたいものなどを「○○になりますように」などと願うのではなく、「私は○○です」と肯定することで、その○○を引

き寄せることができるというものです。

例えば、つい周りの人に合わせてしまい、自分を見失いがちな方には、「私には私の人生があります。私は自分の思いを大切にして生きていきます」という言葉はいかがでしょうか？　他にもいくつか例を挙げてみますので、皆さんの心にヒットする言葉を探してみてください。

「私は今、幸せを感じています。周りの人たちに感謝しながら、毎日を過ごしています」
「私は自分に合ったパートナーと、心地よい家庭を築くことができます」
「私は仕事を通じて多くの人に喜びと安心感と希望を与えています」
「私には無限の可能性があることを知っています。自分を信頼し、毎日を一生懸命生きています」

例にあるように「私は○○です」という形にして、ポジティブな言葉を選ぶこ

とが重要です。他にもポイントがいくつかありますので、156ページを参考にしてみてください。

これを毎日、朝晩10回ずつくらい繰り返し声に出して唱えてみましょう。紙に書くのもおすすめです。

おまじないのように感じる方もいらっしゃると思います。

しかしアファメーションは、私たちの潜在意識に訴えかける言葉です。潜在意識が変われば、自分の行動が変化したり、目に入るものが変わったり、付き合う人が変わってきたりします。そうすると、自ずとそれまでの自分とは違う、なりたかった自分に近づいていけるのです。

「本当かなぁ」と思っても、3週間くらい続けてみてください。あなたの言葉が潜在意識の中に入っていきます（つまり、それくらい続けないと効果がない、ということですが）。

毎日続けられるように、どのタイミングでやるかを決めておくのもいいでしょう。駅までの行き帰り、通勤の車の中、スマホのパスワードを入れる時など、日常のちょっとした行動と結びつけると続けやすくなります。

私も朝起きた時や通勤時にやっていますが、気分が軽くなったり、笑顔が増えたりと様々な変化が体感できます。

なかなか思いが叶わなくても、焦らずにいてください。

そういう時は、自分自身がまだそれを受け取る準備ができていないだけです。

それに気づくだけでも状況が動き始めることもあります。

「手に入れなきゃ」と力まず、ゆったりと待っていることが大切なのです。

「私は○○です」と宣言して、なりたい自分を手に入れる

アファメーションのポイント

以下のポイントをおさえて、夢を叶えるアファメーションの文をつくってみてください。繰り返し声に出して言うことが大切です。

[現在形を使う]

基本は「私は○○です」という現在形を使います。
例えば、「成功したい」「成功しますように」などは、今が成功していないということを潜在意識に訴えてしまうのでNG。「私は成功しました」という過去形ならOKです。

[肯定文を使う]

「私は○○しない」という否定形は、○○の部分を強く意識してしまい、結果的にそれを引き寄せてしまいます。
例えば「私は緊張しない」と言うと、余計緊張してしまいませんか？　その代わりに「私はどんな場所でも、私らしく振る舞うことができます」という肯定文を使うようにしましょう。

[断定する]
「できれば～」や「なるべく～」など、あいまいな言葉を入れず、スパッと言い切りましょう。

[簡潔にまとめる]
文章が長くなると、必要のない前提条件が入ってしまうことがあります。
例えば、「私は週に一度英会話学校に通い、TOEICで○点を取った」というアファメーションでは、英会話学校に行かなければTOEICで○点が取れなくなってしまいます。シンプルに「私はTOEICで○点取った」だけでOKです。

[具体的にする]
具体的にイメージするほど、引き寄せの力は強まります。数字や固有名詞などを入れてみましょう。
例えば、「私は英語がペラペラです」というアファメーションでは、どのレベルがペラペラなのか、基準があいまいです。「私は英語を使って、海外のクライアントと交渉する仕事をしている」とすると、より具体的です。

5章

毎日をもっと心地よく

ちょっとしたことで、気分がラクになる

ネガティブな「3D」に注意

「3D」といえば、映画を楽しくするものですが、つい口にしてしまうと、人生がつまらなくなってしまう「3D」とは何でしょう？

答えは、Demo（でも）、Datte（だって）、Douse（どうせ）。

この3つの「すね言葉」です。

とても楽しく華やかなパーティーに誘われたとしても、「でも、今忙しいし」「だって、人と話すのは苦手だし」「どうせ、私が行っても浮くだけだし」と答えれば、あっという間につまらないイベントのできあがりです。

色々なことがうまくいかない時、自分のことをちっぽけに感じる時、ついこの3Dを使ってしまいます。

しかし、**この言葉を使うと、すねた気持ちがさらに大きくなってしまいます。**自分の気分がよくないから、楽しいことや面白いことは目に入らないし、周りに感謝する気持ちを持つこともできなくなり、人間関係も悪くなっていきます。……怖いですよね。

だから、**この3Dをなるべく言わないようにすることをおすすめします。**つい言ってしまっても、そこで気づけたらOKです。

「あ、また3Dやってる！」と気づけば、笑いとともに手放せるようになりますよ。

「でも」「だって」「どうせ」を言うのをやめる

自分が食べたいものを注文する

あなたが職場の先輩や後輩、4人で食事に出かけたとします。お店に着いて、先輩が「私、今日はちょっと急いでるんだ。トマトソースパスタにしよう！」と言うと、他の2人が「じゃあ私も」と続きます。

しかしあなたは、お店に着く前から絶対グラタンを食べたいと思っていました。「ここでグラタンを注文して、空気を読めない人と思われたら嫌だな」「みんなが食べ終わった頃にグラタンが出てきて、先輩がムッとするかも」そんなことを考えて「じゃあ、私もトマトソースパスタで」と言ったら、あなたは「まぁパスタもおいしいからいいか」「グラタンはまた今度にすればいいか」などと、自分に言い聞かせながら食べることになり、あまり嬉しくないかもしれません。

だから、**食べたいものがある時は思い切ってそれを口に出してみましょう！**

「私、今日はどうしてもグラタンを食べたいんです。お店に来るまでずっと考えていて！　もし先輩が急いでたら、先に戻ってもらっても大丈夫です！」と、明るく言ってみてください。先輩は「そんなに食べたいの!?　どうぞどうぞ～」と言ってくれるはずですよ。

自分が食べたいものは、黙っていたら誰も気づいてくれません。

ランチだけでなく、人生もまったく同じ。黙っていても、「あなたは本当にそれでいいの？」「あなたはどうしたいの？」と聞いてくれることはありません。

勇気を出して、「これが欲しい！」「これがしたい！」と口にして、道を拓いていきましょう！　きっと周りも応援してくれますよ。

したいことは、自分から言おう

給料日に「ありがとう！」と言う

「ありがとう」の反対の言葉は何でしょう?

「有り難う」の反対。つまり、「有って当たり前」です。


体が動いて当たり前、ご飯が食べられて当たり前、仕事があって当たり前、電車が動いて当たり前、親切にしてもらって当たり前。

私たちの日常には当たり前が散乱していないでしょうか?


当たり前のものには、特に感謝しようと思いません。

給料日には給料が支払われるのが当然だと思っているから、明細を見て「ふん、給料安いな」と文句を言いたくなります。でも、経営者からしてみれば、毎月決まった日に同じ額の給料を全員に支払うことがどれだけ大変なことか…。

そう考えると、毎月お給料をもらえることをありがたく思えませんか？

それと同じように、今ある当たり前にひとつずつ気づくことができると、私たちの周りのもの、全てに感謝することができますよね。

体が動いてありがたい、ご飯が食べられてありがたい、仕事があってありがたい、電車が動いてありがたい、親切にしてもらってありがたい。

そういう気持ちを持つことができれば、誰かがしてくれたささいなことにも、自然に「ありがとう」と言えるはずです。

その言葉はあなたの雰囲気をよくし、周りの人ともよい関係を築いていけるでしょう。

当たり前のことに、感謝する

言葉のパワーを活用する

以前、こんな実験をしてみました。

温かいご飯をコップに入れて、ラップでフタをしたものを4つ用意します。そして、それぞれ「ばかやろう」「ありがとう」「嫌い」「好き」と書いて、同じ場所に並べておきました。

約3週間後、「ばかやろう」のお米は真っ黒にカビていて、「嫌い」のお米は白くカビていました。「好き」のお米は少し黄ばんでいる感じで、「ありがとう」のお米は見た目に変化はありませんでした。

不思議ですよね。他のものでも試してみましたが、結果は同じでした。

皆さんも「観葉植物に話しかけると成長がいい」という話を聞いたことがあり

ませんか。言葉には、科学的に証明できない力があるのだと思います。

それが自分自身にかける言葉ならどうでしょう。

ネガティブな言葉を使えば使うほど、状況が悪くなったり、辛い状況に追い込まれてしまうかもしれません。


私たちは、自分で思っている以上にネガティブな言葉を使っています。

だからゼロにすることは難しくても、ネガティブな言葉を1回使ったら、1回多くポジティブな言葉を使ってみましょう。

例えば、**「どうせ私なんて…」と言ってしまったら、「私は魅力的！」と2回言ってみてください。**

感情を込めた方がもちろんいいのですが、言葉だけでも充分効果がありますよ。

ポジティブな言葉は2回言う

忙しい時には「時間はある！」と言い直す

あなたの周りに、とても多忙なはずなのに効率的に時間を使っている人はいませんか？　逆に、常にバタバタしていて「時間がない」と言いながら、実はたいして仕事が進んでいない人もいるでしょう。

前者の方は「時間はある」と思っているはずです。「ある」という方に意識を集中するので、どういう手順で進めればいいのか、まず何から手をつけたらいいのか、どれを人にお願いすればいいのかなどがよく見えてきます。そうすると、効率的に物ごとを進めることができますよね。

一方、後者は「ない」ということばかりに意識がいくので、焦りや不安に押されて、バタバタはしても効率が悪く、なかなか進まないのです。

「時間」という変えようもないものにも、これほど「感情」が影響しています。
だから「ある」と思うことも「ない」と思うことも、自由に選択することができます。

つい「時間がない」と言ってしまいそうな場面も、それは思い込みにすぎず、実際は時間があるかもしれません。

私も、「時間がない」と思った時こそ、「ある！　ある！」と言い直すようにしています。**無理をしてでも「時間はある！　余裕！」と思うようにすると、「何とかなる」という気持ちになり、集中することができます。**

ちなみに、探し物をする時も「ない！　ない！」と言ってしまいがちですが、「ある！　ある！」と言った方が効率よく見つけられるので、ぜひ試してみてください。

「時間はある！」と思えば、余裕が生まれる

たまにはだらだら過ごす

ここまでこの本を読んでいただくと、「何でもポジティブにとらえなきゃいけない」「自分の可能性を信じて、毎日チャレンジし続けないといけない」と思う方もいらっしゃるのではないでしょうか。

それでうまくいく時はいいのですが、ネガティブな自分にムチを打って、無理矢理ポジティブに考えようとするのは、しんどさ、辛さ、寂しさ、もどかしさなどの感情を無理に抑え込んでいる状態です。

その状態は長くは続けられないので、そのうち心がついていかなくなってしまいます。いわゆる「ポジティブ疲れ」です。

だから、時には「今日はネガティブになってもＯＫ」という日をつくることも必要です。

思い切り落ち込んだり、泣いたり、友達に愚痴をこぼしたり…。

また、いつも何かやっていないとダメだ！　と思っている人こそ、だらだらする日、ネットばかり見る日をつくってみるといいと思います。

そうやって決めた日なら、だらだらしたって、ネガティブになったって「目標達成」ですよね。自分で決めたことを「ちゃんと」実行できているのです。

心をゆるめる日を定期的につくれば、自分の感情を受け入れる余裕ができます。心を軽くすることができ、自然と「自分は大丈夫」と前を向けるようになるでしょう。

ポジティブに疲れたら、ネガティブな日をつくる

自分でできることを、人に頼んでみる

「何でも自分でやらなきゃ。誰かに頼むのは恥ずかしい」

皆さんはそんなふうに感じること、ありませんか？

完璧主義だったり、自分に自信がなかったり、断られるのが怖かったり、迷惑をかけるのではないかと考えたり。理由は様々ですが、なかなか他の人に頼めないという人は多いものです。


私たちは成長するにつれて、問題は自分の力で解決しなきゃいけないと思うようになります。子ども時代の「お姉（兄）ちゃんなんだから」に始まり、「社会人なんだから」「大人なんだから」自分で何でもやるのが当然と、ひとりで頑張った経験は、皆さんたくさんお持ちでしょう。

しかし、**私たちは大人になればなるほど、誰かに助けてもらわないと解決しないことが次々起こるようになっていきます。**

病気になった時、どうしようもなく落ち込んだ時、大切な人とお別れした時、そんな時でも「自分ひとりで解決しなきゃ」と思ってしまったらどうでしょう…。

辛い気持ちをひとりで抱え込んで、つぶれそうになってしまいますよね。

頑張れば自分でできるかなということでも、「これ、お願いしてもいい？」と頼んでみましょう。あなたの周りには、ちゃんとあなたを助けてくれる人がいるということを実感でき、自分の自信にもつながっていくでしょう。

もちろん、助け合いはお互い様ですから、あなたも積極的に周りの人の力になってくださいね。

大人ほど、助け合いが必要

我慢せず、「助けて!」と言ってみる

悩みを抱えながら、ずっとひとりで頑張ってきた女性に「大阪から東京に戻る新幹線の中で、信頼できる3人に今の辛い状況をメールして、助けを求めてください」という宿題を出しました。

彼女は散々抵抗しましたが、友人や同僚に勇気を出してメールを送りました。

すると、そのうちのひとりからはすぐに電話がかかってきて、東京駅にかけつけてくれたそうです。他の2人からもすぐに「話を聞くよ!」と返信がありました。

3人が自分の話を聞いてくれたことはもちろん、自分のために行動してくれたという事実が彼女の心を一番癒してくれました。

すると不思議なことに、元々あった問題がそれほど重要なものではないように感じられ、気持ちがすごくラクになったそうです。

あなたも、周りの人が、あなたを助けられるようにしてあげてください。

人は誰かの役に立ちたいと思っています。むしろ、そのために生まれてきたといってもいいくらい。だから、誰かに助けを求められることは迷惑どころか、喜びに感じられるのです。ただ、**あなたが自立している分だけ、「あの人なら大丈夫だろう。自分なんかが出る幕はないだろう」と思っています。**

みんな、あなたが助けを求めることを待っています。今、辛い状況にいるなら、勇気を出して自分から「助けてほしい」と声にしてみてください。

あなたを助けたい人は、たくさんいる

瞑想で心をゆるめる

朝起きた時や、寝る前など、日常に瞑想の時間を取り入れると、心に余裕を持てるようになります。5分程度で構いませんので、ぜひ習慣にしてみてください。

基本の瞑想

1 音や光、匂いなど、自分にとって心地よいものを選び、静かな環境をつくります。自分と向き合える場所なら、どんな場所（電車の中、オフィスのトイレの中など）でも構いませんが、じっくり行うなら自宅が望ましいです。また、旅行先など日常を離れた場所で行うのも効果的。

2 リラックスした姿勢で、目を閉じます。無理に集中しようとしたり、頑張ったりせず、心をゆるめていきます。

3 深呼吸を繰り返します。呼吸と一緒に緊張を吐き出して、体をリラックスさせていきます。頭の中を行き来するものは、好きにさせておいてOKです。あまり深追いしないで、頭の中に出てきたことを水に浮かべて流すようにイメージできるとよいでしょう。

応用編：水の瞑想

1 ちょろちょろと流れる小川のふちに座って、水の中に足を浸けているとイメージしてみてください。

2 水の音を感じながら、足の裏から体の中の毒素が流れていくのをイメージしてみます。もし、その毒素に色がついているとしたら何色でしょうか？　その色が水に流れていくのを感じながら、深呼吸を繰り返し、毒素がまったく出なくなるまで瞑想を続けます。

応用編：海の泡の瞑想

1 自分が海の底に横たわっているとイメージしてみてください。海面からは明るい空ときらきら光る太陽がのぞいています。

2 お腹に軽く手を当てて深呼吸をし、心の中にあるネガティブな感情をボコッと吐き出します。そうすると、大きな水泡となってゆらゆらと水面に浮き上がり、やがて割れて消えていきます。
解放したい感情をその水泡に込めて、何度も何度も吐き出してみてください。

「与える」で自信が生まれる

対人関係がうまくいくカギに、「与え上手になる」というものがあります。

自分が持っているものや才能、魅力を他の人に与えることは、あなたの心を内側から開けて、人に向かって流れをつくることにつながります。

しかし、自分を犠牲にして与えたり、義務的に与えるのでは、「どうして私ばかり与えないといけないんだ」と不満を抱えてしまうでしょう。

ポイントは、相手の感情に目を向けて、その気持ちに寄り添って与えること。

すると、人間関係がとてもスムーズになります。

電車やカフェなどで誰かひとり、目に入った人を選んでください。そして、

その人に今、してあげたいと思うことを3つ思い浮かべてみましょう。

その人の様子から何が必要だろう？　と自由に想像し、実際に与えているところをイメージしてみてください（でも、あまりジロジロ見すぎないように注意してくださいね！）。

これは利害関係のない人を相手にしてみるといいエクササイズで、「与える」行為を実感でき、自分でも何かを与えられるんだという自信にもつながります。

あなたが誰かのために「与えた」時に、相手が喜んでくれたら、とてもよい気分を「受け取る」ことになりますよね。

「与える」と「受け取る」は同時に起こる行為なのです。

素敵な流れを自分からつくっていきましょう。

与えれば、何かが返ってくる

そわそわして落ち着かない時は

不安や心配事がある時は、ああでもない、こうでもない、と色々なことを考えてしまうもの。考えすぎだとわかっているのに、やめられないものですよね。

そういう時、エネルギーのほとんどは「思考（頭）」に向けられているので、心がだんだんふわふわしてきます。地に足が着かず、体の重心が頭に移って、浮いているような感覚になってしまいます。**考えることにエネルギーを取られているので、行動をしても空回りしてしまうことが多いでしょう。**

そんな時は物理的に地に足を着けて、足の裏に意識を下ろしていきましょう。深呼吸をして、足の裏に意識を向けていきます。今、足の裏に何を感じるでしょうか。硬い？　柔らかい？　冷たい？　温かい？

次は、イメージの力を使って足の裏に心地よいものを感じてみてください。砂、柔らかい土、草原、温かい足湯、海など。そして足の指を動かしながら、それをつかんでみてください。

「そんなことで？」と思われるかもしれませんが、自分の意識が地に着くことで、問題に対してちゃんと向き合う気持ちをつくることができるのです。

ふわふわしていた心が落ち着き、冷静な状態で考えたり、行動ができるようになるでしょう。

これはどこでもできるエクササイズですので、オフィスなどでもぜひ試してみてください。

地に足を着けてから、考えよう

1日に5つ、自分をほめる

自分に自信がなかったり、自分のことをちっぽけに扱ってしまっている方に、「1日に5つ、自分をほめてあげてください」という課題をよく出します。たいていは「そんなにほめることなんてありません！」という声が返ってきますが、よく自分の行動を見てみてください。ちゃんとありますよ。

「メイクをして会社に行った」「赤信号を守った」「居眠りせずに仕事を頑張った」「余計な買い物をせずに家に帰った」「ちゃんと晩ご飯をつくって食べた」

これでもう5個ですね。

「そんなの当たり前じゃないの？」と思うことをほめるのが、とても大切です。

だって、当たり前なことなんて本当は何ひとつないはずですから。

これを1ヵ月続けてみると、素敵な変化が訪れます。

「自分を責めるクセがあったのに、気がつけばなくなっていました」
「人に対して物怖じすることがグッと減ったような気がします」

試した人から、そんな声をいただきます。**自分をほめると、「今の自分でいいんだ！」と思えるようになるからです。**

この「ほめ習慣」は、続けることが大切です。1〜2週間経つと、「本当に効果があるのかな？」と疑って、やめてしまう方がいますが、それは新しい自分に変化しようとしている証拠。ぜひもう少し踏ん張って、1ヵ月間続けてみてください。

ほめた分だけ、自信がつく

イメージ旅行で気分をリフレッシュ

頭で色々考えているのに、なかなか行動できない時。

ポジティブになりたいのに、ネガティブなことを次々に考えてしまう時。

毎日が同じことの繰り返しのように感じて、つまらない時。


そんな時は「目線」を変えることが大切です。

自分がいつも目にしているものと違うものを見たり、今まで会ったことのないタイプの人に会うと、すごく新鮮で気分が変わりますよね。

そして**自分の目線が変われば、考えることもいつもとは違ってくるのです。**


新しい景色を見ることといえば、旅行です。実際には行けなくても、計画を立ててみるだけで充分に効果的です。もし、どこでも、誰とでも、何日でも、お金も気にせず旅行できるとしたら、どんな旅行をしたいですか？

「○月△日　○時の直行便でパリへ。○時に着いたら、△△△というレストランで食事。ここのイチオシメニューはジビエを使った料理だから、それを食べる。食事の後は○○でお茶をして、○×ホテルへ戻る」。

インターネットやガイドブックなどを使って、こんなふうに綿密な計画を立ててみてください。

あなたの頭の中にはパリの街並が浮かんだのではないでしょうか？

ワクワクした気持ちで、ぜひ脳内トリップに出かけてみてください。前向きなエネルギーがチャージされます。

モヤモヤしたら、目線を変える

好きなものリストで、元気をチャージ

あなたが好きなことは何ですか？
旅行が好き、おしゃべりが好き、ワインが好き、カフェでのんびりするのが好き、お笑いが好き、カラオケが好きなど、探せばたくさん出てくるでしょう。

好きなことや楽しいことをしている時、心はワクワクしています。そこには不安や怖れが入り込む余地はありません。好きなことをしながら、嫌いな人のことを考えたり、イライラすることは難しいですよね。

あなたが好きなことをしていれば、あなたはとても自由でポジティブです。
「どうしたらいいか、わからない…」と思ったことも、好きなことをしている時

のあなたなら「何とかなるさ」と言うはずです。

毎日なるべく多く、好きなものに触れることは、不安やストレスを解放し、自分の心を穏やかにするのに役立ちます。


自分の好きなもの、好きなことを「年齢×10個」ノートに書いてみましょう。


30歳なら300個です！　1、2ヵ月かけて書き足していけばＯＫです。

好きなものは、具体的に書くのがポイント。「旅行」とするとひとつですが、箱根、京都、ハワイ、パリ、ミラノで5つ書くことになります。写真を貼ったり、イラストを描いたりして、リストを自由につくりましょう。

書いている時はもちろんのこと、あなたがそうして集めたリストは、ページを開くたびにあなたの心にポジティブなエネルギーを送ってくれるはずです。

好きなものに触れて、前向きに

スキマ時間で、心をラクに

ちょっとした時間にできて、心がすーっと軽くなるエクササイズをご紹介します。自分が気持ちいいと思うものを見つけて、継続的に行ってみてください。

[好きな色を身につける]

あなたが好きな色のアイテムを、ひとつ身につけてみましょう。服で身につけるのが難しい場合は、下着やアクセサリーでも構いません。好きな色は、心に豊かさと安心感をもたらしてくれます。

[部屋の模様替えをする]

あなたの住んでいる部屋は、あなたの心を投影したもの。部屋が散らかっている時は、あなたの心にも色々な問題が散らかっているかもしれません。また、ものを捨てることに抵抗がある人は、過去にこだわりがあることも。模様替えをすることで、心も整理していきましょう。

[脱力する]

横になって（またはイスに座って）、全身の力を抜きましょう。だらーんとして、大きくため息をついて、どんどん脱力します。これ以上力を抜けないと思ってから、さらにもう一段階、力を抜こうとすることが大切です。リラクゼーションとともに、感情の解放に役立ちます。

[大の字で寝る]

手足をこれ以上できないくらい大きく伸ばして、深呼吸をしてみます。次はきゅーっと体を丸めて、再び大きく手足を伸ばして深呼吸をしてみます。繰り返すと、心がオープンになっていきます。

[枕をギュッと抱きしめる]

枕をお腹に当てて、子宮の中にいる胎児のような姿勢をとってみましょう。この姿勢が、一番安心感を思い出させてくれるのです。そして、ゆったりと深呼吸を繰り返しながら目を閉じて、全身が温かい綿で包まれているようなイメージをしてみましょう。

おわりに

最後まで読んでいただき、ありがとうございました。

カウンセリングに通われている方が3ヵ月くらい経った頃、不思議そうにこんなことをおっしゃいました。

「状況は何ひとつ変わっていないのに、なぜか心が軽くて幸せなんです」。

そして、しばらくするととても嬉しい報告がありました。離婚を考えていた彼女は、やり直すことを決め、今も幸せな家庭を築いていらっしゃいます。

私は彼女に「幸せになるテクニック」を伝えたわけではありません。ただ、自分らしく自然体であること、今の自分の素晴らしさを知ることを繰り返しお伝えしただけなのです。

物ごとの見方を変えると心は軽くなります。客観的には最悪な状況でも、心は幸せを感じることができるのです。

するると悩みや問題は、不思議なほどあっさりと解決してしまうのです。

「今までの自分はダメだと思っていたけど、今のままでもいいんだ」

「もっと頑張らなきゃと思っていたけど、今でも充分頑張っているんだ」

「今の自分にも価値はあるし、幸せを感じられるんだ」

この本を通じて、ひとりでも多くの方にそんなふうに感じていただければ幸いです。


最後になりましたが、この機会をつくってくださったリベラル社の宇野さん、スタッフの皆さん。そして、いつも支えてくれる、家族や仲間、クライアントの皆さんに感謝します。ありがとうございました。

根本裕幸

[著者プロフィール]
根本裕幸（ねもと ひろゆき）
心理カウンセラー。1972年生まれ。大阪府在住。1997年より神戸メンタルサービス代表・平準司氏に師事。2000年よりプロのカウンセラーとして、延べ15,000本以上のカウンセリングと年間100本以上のセミナーを行う。2015年4月よりフリーのカウンセラー、講師、作家として活動を始める。『頑張らなくても愛されて幸せな女性になる方法』、『愛されるのはどっち？』（以上、リベラル社）、『心の地雷を踏まないコツ・踏んだときのコツ』（日本実業出版社）、『敏感すぎるあなたが7日間で自己肯定感をあげる方法』（あさ出版）など、多くの著書を手がける。テレビやラジオへの出演、企画・制作協力なども多数。
http://nemotohiroyuki.jp

装丁デザイン　宮下ヨシヲ（サイフォン グラフィカ）
本文デザイン　渡辺靖子（リベラル社）
編集　宇野真梨子・渡辺靖子（リベラル社）
編集人　伊藤光恵（リベラル社）
営業　津田滋春（リベラル社）

編集部　堀友香・山田吉之・安田卓馬
営業部　津村卓・廣田修・青木ちはる・澤順二・大野勝司・竹本健志
制作・営業コーディネーター　仲野進

※本書は2014年に小社より発刊した『こじれたココロのほぐし方』を文庫化したものです

いちいち悩まない　1分で心がラクになる心理学

2020年9月26日　初版
2021年1月30日　再版

著　者　根本 裕幸
発行者　隅田 直樹
発行所　株式会社 リベラル社
〒460-0008　名古屋市中区栄3-7-9　新鏡栄ビル8F
TEL 052-261-9101　FAX 052-261-9134　http://liberalsya.com
発　売　株式会社 星雲社（共同出版社・流通責任出版社）
〒112-0005　東京都文京区水道1-3-30
TEL 03-3868-3275

ISBN978-4-434-27911-9　C0195

11001